Happy

beautif

May many more come —
in happiness.

<u>Medina</u>

Paris, 2014

ACTES SUD – PAPIERS
Fondateur : Christian Dupeyron
Éditorial : Claire David

La scène intitulée "divorce" a été écrite d'après un extrait de *Scènes de la vie conjugale* d'Ingmar Bergman, dans la traduction de Lucie Albertini Guillevic et Carl Gustav Bjurström © Gallimard, 1992.

Illustration de couverture : © Evelyn Williams / Private Collection / The Bridgeman Art Library

ISSN 0298-0592
ISBN 978-2-330-01947-1

# LA RÉUNIFICATION DES DEUX CORÉES

Joël Pommerat

*À Saadia Bentaïeb, Agnès Berthon, Yannick Choirat, Philippe Frécon, Ruth Olaïzola, Marie Piemontese, Anne Rotger, David Sighicelli et Maxime Tshibangu qui m'ont accompagné dans l'écriture de ce texte.*

# PERSONNAGES

Vingt-sept femmes
Vingt-quatre hommes
Celui ou Celle qui chante

## — divorce —

*Un lieu indéterminé.*
*Une femme en manteau, la cinquantaine, répond à une interlocu-*
*trice invisible.*

LA VOIX FÉMININE. Vous êtes mariée depuis combien de temps?

LA FEMME. Vingt ans.

LA VOIX FÉMININE. Exercez-vous un travail à l'extérieur?

LA FEMME. J'ai toujours été ce qu'on appelle "une femme à la maison".

LA VOIX FÉMININE. Vous avez combien d'enfants?

LA FEMME. Trois. Ils sont grands. Ils ont quitté la maison.

LA VOIX FÉMININE. Vous êtes donc seule.

LA FEMME. Non, j'ai mon mari.

LA VOIX FÉMININE. Évidemment. Il reste toujours à la maison?

LA FEMME. Non, il est dans l'enseignement.

LA VOIX FÉMININE. Pourquoi voulez-vous divorcer?

LA FEMME. Il n'y a pas d'amour entre nous.

LA VOIX FÉMININE. Mais il y a longtemps que vous êtes mariés. Est-ce que cela a toujours été pareil ou…

LA FEMME. Toujours pareil.

LA VOIX FÉMININE. Et maintenant que vos enfants ont leur vie à eux, vous voudriez partir. C'est cela?

LA FEMME. Mon mari est quelqu'un de très bien. Je n'ai aucun reproche à lui faire. Il a été un excellent père. Nous ne nous sommes jamais disputés. Nous avons un appartement qui est bien. Nous aimons tous les deux la musique de chambre, et nous nous sommes inscrits à un groupe de musique de chambre. Nous faisons donc de la musique de chambre.

LA VOIX FÉMININE. Mais tout ça paraît très bien.

LA FEMME. Très bien, oui. Mais il n'y a pas d'amour entre nous. Il n'y en a jamais eu.

LA VOIX FÉMININE. Excusez ma question, mais auriez-vous rencontré quelqu'un d'autre?

LA FEMME. Non.

LA VOIX FÉMININE. Et votre mari?

LA FEMME. À ma connaissance, non.

LA VOIX FÉMININE. N'allez-vous pas vous sentir un peu seule?

LA FEMME. Je pense que si. Mais je préfère cette solitude à cette absence d'amour.

LA VOIX FÉMININE. Comment se manifeste ce manque d'amour?

LA FEMME. Il ne se manifeste pas du tout.

LA VOIX FÉMININE. Avez-vous dit à votre mari que vous vouliez divorcer?

LA FEMME. Oui, bien sûr. Il y a déjà quinze ans, je lui ai dit que je ne voulais plus vivre avec lui, puisqu'il n'y avait pas d'amour entre nous. Il a très bien compris. Il m'a demandé d'attendre que les enfants soient grands. Maintenant, ils sont grands tous les trois et ils ne sont plus à la maison. Je peux donc enfin divorcer.

LA VOIX FÉMININE. Et qu'en dit votre mari?

LA FEMME. Il m'a demandé de réfléchir encore. Il m'a demandé cent fois ce qui n'allait pas entre nous. Je lui ai répondu qu'il n'est pas possible de continuer quand il n'y a pas d'amour. Alors, il m'a demandé en quoi devait consister cet amour. Et je lui ai répondu que je n'en savais rien puisqu'il n'est pas possible de décrire une chose qu'on ne connaît pas.

LA VOIX FÉMININE. Mais c'est affreux.

LA FEMME. C'est affreux. Il se passe en effet quelque chose de bizarre. Mes sens, je veux parler du toucher, de la vue, de l'ouïe, commencent à me trahir. Par exemple je peux dire que cette pièce est grande. Mais la sensation que j'en ai est abstraite, en fait. Et c'est pour tout pareil. La musique, les parfums, les visages des gens, leurs voix. Tout devient de plus en plus pauvre, plus terne.

LA VOIX FÉMININE. Je crois qu'il serait préférable que vous obteniez le consentement de votre mari pour ce divorce.

LA FEMME. Mon mari dit que s'il refuse c'est pour mon bien parce que je le regretterai.

LA VOIX FÉMININE. Et vous êtes fermement décidée?

LA FEMME. Je n'ai pas le choix. Vous comprenez ce que je veux dire?

LA VOIX FÉMININE. Oui, je crois.

*Noir.*

— la part de moi —

*Trois personnes sont assises. Deux femmes côte à côte, à une légère distance d'un homme en face d'elles.*

LA PREMIÈRE FEMME. Comme tu es basse.

LA DEUXIÈME FEMME. De la merde, tu es de la merde.

LA PREMIÈRE FEMME. Oh non, c'est pas vrai.

LA DEUXIÈME FEMME. Tu as dit le mot.

LA PREMIÈRE FEMME. Lequel?

LA DEUXIÈME FEMME. "Pas vrai". "C'est pas vrai", nous ne sommes pas "vraies" toi et moi et c'est de ta faute. Moi j'étais prête, je le sais. Pour être vraie avec toi, qu'on soit vraies, pour faire quelque chose vraiment. Mais toi non et tu ne le reconnais pas.

LA PREMIÈRE FEMME. Qui peut dire qu'il est vrai, qu'il est vrai vraiment?

LA DEUXIÈME FEMME. Moi.

LA PREMIÈRE FEMME. Tu es vraie, toi?

LA DEUXIÈME FEMME. Oui.

LA PREMIÈRE FEMME. Comment est-ce que tu le sais?

LA DEUXIÈME FEMME. Parce qu'il suffit de ne pas douter. Je ne doutais pas moi, je ne doutais pas. Surtout, je n'ai pas envie de douter parce que je n'ai pas de temps à perdre, non.

LA PREMIÈRE FEMME. Tu sais bien alors ce qui te reste à faire maintenant!

LA DEUXIÈME FEMME. Oui je le sais.

LA PREMIÈRE FEMME. Pourquoi est-ce que nous n'arrivons pas à nous quitter simplement, tranquillement, comme les autres?

LA DEUXIÈME FEMME. Parce que tu n'en es pas capable, tout simplement.

LA PREMIÈRE FEMME. Arrêtons.

LA DEUXIÈME FEMME. Non.

LA PREMIÈRE FEMME. Je t'en prie, écoute-moi.

LA DEUXIÈME FEMME. Non c'est trop facile d'arrêter maintenant, trop facile, trop simple. Arrête-toi si tu veux mais moi non, je n'arrête pas parce que je ne peux pas. Je ne peux pas parce que entre toi et moi, pour moi c'est vrai, tu comprends? C'est vrai, pas faux, non vrai. Je suis vraie et alors moi je n'ai pas le choix mais ça tu ne peux pas le comprendre.

LA PREMIÈRE FEMME. Mais quelle horreur.

LA DEUXIÈME FEMME. Oui quelle horreur toi, quelle horreur d'être comme toi. Je te plains.

LA PREMIÈRE FEMME. Tais-toi.

LA DEUXIÈME FEMME. Non je suis vraie, je suis vraie moi et c'est pour ça que je parle, que je parlerai toujours parce que je suis vraie.

LA PREMIÈRE FEMME. Tu me tues.

LA DEUXIÈME FEMME. Crève, oui c'est ça mais malheureusement je crois que tu n'en es pas vraiment capable. C'est une façon de parler pour toi, seulement une façon de parler, sans plus. Une fois de plus tu serais incapable de mourir, comme ça, pour nous, pour moi. Pour toi l'amour c'est un peu une distraction, un jeu de société, c'est pour jouer c'est tout.

LA PREMIÈRE FEMME. Tu m'effrayes.

LA DEUXIÈME FEMME. Tu ne me connaissais pas.

LA PREMIÈRE FEMME. Je te hais je crois et je te plains.

LA DEUXIÈME FEMME. Je te hais aussi.

LA PREMIÈRE FEMME. Alors éloignons-nous s'il te plaît.

LA DEUXIÈME FEMME. Non jamais.

LA PREMIÈRE FEMME. Pourquoi?

LA DEUXIÈME FEMME. Parce que ce n'est pas possible.

LA PREMIÈRE FEMME. C'est-à-dire?

LA DEUXIÈME FEMME. Il faut que tu me rendes ce qui est à moi d'abord.

LA PREMIÈRE FEMME. Ce qui est à toi?

LA DEUXIÈME FEMME. Oui, sinon je te laisserai pas.

LA PREMIÈRE FEMME. Ce qui est à toi?

LA DEUXIÈME FEMME. Tout ce qui est là (*elle désigne la poitrine de la première femme*) qui est à moi.

LA PREMIÈRE FEMME. Où ça?

LA DEUXIÈME FEMME (*s'approchant de l'autre, posant sa main sur la poitrine*). Là. Tout ce que tu gardes en toi… de moi… Cette part de moi… en toi… que j'ai déposée là… Je veux que tu me la rendes avant… qu'on s'éloigne un jour l'une de l'autre… Si tu ne me la rends pas alors je ne te laisserai pas.

LA PREMIÈRE FEMME. Tu m'horrifies.

LA DEUXIÈME FEMME *(se jetant sur la première femme avec violence, comme si elle voulait plonger sa main à l'intérieur d'elle).* Je n'en peux plus de nous, de toi, de moi… de tout ça. Mais avant, tu dois me rendre ce qui est à moi… que tu gardes en toi.

LA PREMIÈRE FEMME *(essayant de se dégager).* Tu es vraiment folle.

*L'homme s'est levé brusquement, cherchant à protéger la première femme. La lutte entre les trois ne cessera pas jusqu'à la fin.*

LA DEUXIÈME FEMME. Rends-le-moi s'il te plaît, allez vas-y… Rends-moi cette part de moi que tu as gardée en toi.

LA PREMIÈRE FEMME. Je ne peux pas.

LA DEUXIÈME FEMME. Tu as quelque chose en toi à moi. C'est à moi, rends-le-moi.

LA PREMIÈRE FEMME. Tu es folle.

LA DEUXIÈME FEMME. C'est toi qui es folle, vas-y! Rends-le-moi.

*Noir.*


— ménage —


*Dans un entrepôt vide, dans une quasi-obscurité, une femme est en train de passer la serpillière. Au-dessus d'elle à cinq mètres un homme est pendu. Elle ne l'a visiblement pas remarqué.*

LA PREMIÈRE FEMME DE MÉNAGE. C'est dingue quand même. Faut qu'y répare, merde.

LA DEUXIÈME FEMME DE MÉNAGE *(entrant, une lampe de poche à la main).* C'est pas la première fois que ça arrive ce genre de panne. Ils nous prennent vraiment pour des chauves-souris. *(Elle aperçoit le corps pendu. Appelant.)* Nicole!

LA PREMIÈRE FEMME DE MÉNAGE *(continuant de travailler)*. Quoi?

LA DEUXIÈME FEMME DE MÉNAGE. Viens vers moi. Pose ta brosse.

LA PREMIÈRE FEMME DE MÉNAGE *(se retournant vers la deuxième femme)*. Qu'est-ce qui se passe?

LA DEUXIÈME FEMME DE MÉNAGE. Viens vers moi *(La première femme remarque finalement le corps pendu au-dessus d'elle, elle court en direction de la seconde, affolée. Un temps.)* C'est qui?

LA PREMIÈRE FEMME DE MÉNAGE. Viens on va appeler… *(La deuxième femme se déplace en direction du corps.)* Qu'est-ce que tu fais?

LA DEUXIÈME FEMME DE MÉNAGE *(s'approchant du corps avec la lampe)*. C'est qui ce type? C'est dingue de venir faire ça ici quand même.

LA PREMIÈRE FEMME DE MÉNAGE. T'es dingue toi?

LA DEUXIÈME FEMME DE MÉNAGE *(éclairant le corps et découvrant son identité)*. Oh putain! Elle est où Corinne?

LA PREMIÈRE FEMME DE MÉNAGE. Qu'est-ce que tu racontes?

LA DEUXIÈME FEMME DE MÉNAGE. Le connard. Faut qu'on aille téléphoner.

CORINNE *(entrant avec un seau et un balai-brosse à la main)*. Vous en êtes où? Moi j'en ai marre. Qu'est-ce que vous faites? Qu'est-ce qu'y a? Vous avez fini?

LA DEUXIÈME FEMME DE MÉNAGE. Non

*Corinne, qui n'a pas remarqué le corps pendu, s'est arrêtée en dessous. Elle pose son seau et son balai.*

CORINNE. Vous faites une de ces gueules. C'est vrai, on va finir par se faire virer si on continue comme ça. *(Ironique, désabusée. Sortant un paquet de cigarettes de sa poche.)* Moi je m'en fous si je me fais virer, je vais bientôt toucher une pension alimentaire.

LA DEUXIÈME FEMME DE MÉNAGE *(mal à l'aise)*. Ah oui!?

CORINNE. Je blague il la versera jamais. La gueule qu'il a fait hier quand le juge lui a dit la somme. *(Un petit temps.)* Il y croyait pas que j'irais au bout de ce divorce. *(La lumière revient dans l'entre-pôt. Corinne en dessous du corps pendu ne remarque pas sa présence. S'allumant une cigarette.)* Ça part, ça revient. C'est grave ce qui se passe ici avec l'électricité.

LA PREMIÈRE FEMME DE MÉNAGE *(cherchant à entraîner Corinne loin du corps)*. Bon, Corinne on va sortir.

CORINNE. Sortir? Pourquoi?

LA PREMIÈRE FEMME DE MÉNAGE. Faut qu'on te parle.

CORINNE *(surprise)*. Me parler de quoi? On sort? On finit pas?

LA PREMIÈRE FEMME DE MÉNAGE. On sort un petit moment d'abord.

CORINNE. Vous voulez parler de quoi?

LA PREMIÈRE FEMME DE MÉNAGE. Non pas ici, dehors.

CORINNE. C'est au sujet de Patrice…? Il vous a téléphoné…? Il vous a dit qu'il allait tuer les enfants? Je sais, il me l'a déjà dit.

LA PREMIÈRE ET LA DEUXIÈME FEMME DE MÉNAGE *(inquiètes)*. Ah bon??

CORINNE. Mes enfants sont chez ma sœur et elle vient de m'appeler… Vous voulez me parler de quoi??

LA PREMIÈRE FEMME DE MÉNAGE. De quelque chose. Mais pas ici.

CORINNE. S'il vous a dit qu'il allait se remettre en couple avec la première connasse venue je le savais aussi.

LA PREMIÈRE FEMME DE MÉNAGE. De toute façon t'en as plus rien à foutre?

CORINNE. Je sais que c'est pour m'emmerder qu'il dit ça.

LA DEUXIÈME DE MÉNAGE. Après tout ce que tu as enduré avec ce mec.

LA PREMIÈRE FEMME DE MÉNAGE *(entraînant Corinne vers la sortie).* Viens Corinne, on va dehors.

CORINNE *(commençant à marcher, entraînée par les autres).* Je vais vous dire : je crois pas qu'il arrivera à se remettre avec quelqu'un. Il y croyait pas que j'irais au bout, donc il est bien emmerdé maintenant et il va bien en baver à son tour... C'est comme une stratégie dans ma tête... Aller au bout des choses, c'est une stratégie... Maintenant, avec le recul, il va se mettre à réfléchir. Il va prendre conscience de toutes ses conneries. Il va comprendre, il va comprendre ce qui est en train de se passer... Il est allé tellement loin... Après qu'il ait bien réfléchi, quand il en pourra plus de cette situation, il sera obligé d'évoluer et alors... tout redeviendra possible à nouveau...

LA DEUXIÈME FEMME DE MÉNAGE *(stupéfaite).* Quoi ?

CORINNE. On reprendra notre vie mais différemment... Pas comme aujourd'hui... Mais comme on était au début... Comme on était avant... Quand il était pas encore devenu comme il est maintenant... Je sais que c'est comme ça que les choses vont se passer... Alors rien à foutre de passer six mois, un an, encore séparés et divorcés... C'est mon Patrice, c'est mon grand amour, tout comme moi je sais que je suis son grand amour...

LA PREMIÈRE FEMME DE MÉNAGE *(véhémente).* Corinne, t'as pas arrêté de nous dire que t'en pouvais plus de lui.

CORINNE *(poursuivant sa pensée).* ... ce que j'imagine en fait, je sais c'est con, c'est qu'après qu'on se soit retrouvés et qu'il ait changé alors on se remariera... On se remariera en plus grand encore que la première fois parce que finalement l'amour c'est encore plus beau quand c'est difficile, l'amour c'est encore plus beau quand c'est compliqué, avec des épreuves... Ce sera lui qui me le redemandera et on le fera... *(La deuxième femme, un peu en retrait de Corinne, pose un long regard tragique sur le corps pendu.)* Mais attention... J'ai dit à mes conditions, pas aux siennes... Et ce sera parce que je le décide, pas parce qu'il me fera son putain de chantage. Ce sera parce qu'il aura vraiment changé... *(Les trois femmes sortent de l'entrepôt. Hors scène.)* Parce qu'il sera redevenu comme il était au début, au tout début, au tout tout début. Quand c'était bien… Pas question de transiger là-dessus… Il n'en est pas question…

VOIX D'UN HOMME *(aux trois femmes)*. Vous avez terminé ?

VOIX DE LA PREMIÈRE FEMME DE MÉNAGE. Oui, tout va bien.

VOIX D'UN HOMME. Je vais j'ter un coup d'œil.

VOIX DE LA DEUXIÈME FEMME DE MÉNAGE. Non non, pas la peine.

*Noir.*

— séparation —

*L'été. Un couple marche dans l'obscurité. On entend au loin un feu d'artifice et de la musique. On imagine une fête de village. Une silhouette d'homme apparaît derrière le couple.*

LE PREMIER HOMME *(marchant, à la femme)*. C'est marrant, tu n'as jamais envie de parler avec les gens que moi je trouve sympathiques.

LA FEMME *(marchant)*. Ah bon ? Tu trouves qu'ils étaient sympathiques ces gens ?

LE PREMIER HOMME. Tu te moques de moi ?

LA FEMME. Mais non, j'étais un peu fatiguée c'est tout.

LE DEUXIÈME HOMME. Bonsoir !! *(Le couple s'arrête, se retourne vers la voix.)* Bonsoir Muriel.

LA FEMME. Oui ?? C'est qui ?

LE DEUXIÈME HOMME. Je te laisse hésiter encore quelques secondes ? Tu veux ?

LA FEMME. Vous me connaissez ??

LE DEUXIÈME HOMME. Ben oui! Et toi aussi tu me connais je crois.

LA FEMME *(reconnaissant l'homme, bouleversée)*. C'est pas possible… Je rêve… Qu'est-ce que c'est que ça. Cette histoire!!

LE DEUXIÈME HOMME. C'est un peu inattendu de me croiser ici j'imagine.

LA FEMME. C'est pas possible?!

LE DEUXIÈME HOMME *(très ému)*. Pardon je ne pouvais pas te laisser passer comme ça sur le chemin. Sans t'arrêter, sans t'adresser la parole.

LE PREMIER HOMME *(à la femme)*. Tu parles plus? *(Au deuxième homme.)* En tout cas vous lui faites de l'effet.

LA FEMME *(au premier homme)*. On s'est connus nous deux, il y a très longtemps.

LE PREMIER HOMME. Ah bon.

LA FEMME *(au premier homme)*. Et on en a jamais parlé toi et moi.

LE PREMIER HOMME. Non je crois pas, je m'en souviendrais.

LA FEMME *(toujours bouleversée)*. Je ne savais pas comment t'en parler, c'est une histoire d'enfance.

LE PREMIER HOMME. Ah bon? C'est pas grave, on n'est pas obligés de tout se dire.

LA FEMME. Oui, mais non. J'aurais aimé t'en parler mais je ne savais pas comment t'en parler.

LE PREMIER HOMME. C'est pas grave. *(Au deuxième homme.)* Excusez-moi, vous faites quoi ici? Vous êtes de la région? Ou en vacances?

LE DEUXIÈME HOMME. Non non, j'attendais Muriel. C'est tout.

LE PREMIER HOMME. Vous attendiez le passage de Muriel ici? À 11 heures du soir? Mais comment vous saviez qu'elle passerait là??

LE DEUXIÈME HOMME. Je savais que vous alliez venir par ici, alors je vous attendais.

LE PREMIER HOMME. C'est quoi ces conneries à la fin!! *(À la femme.)* Excuse-moi Muriel. Je m'en fous, tu parles à qui tu veux, tu fais ce que tu veux de ta vie. D'ailleurs on n'est pas mariés. Mais là, je veux juste qu'on me prenne pas pour un imbécile.

LA FEMME. J'ai pas les moyens de t'expliquer mieux la situation.

LE PREMIER HOMME. Vous aviez rendez-vous? Y a pas de problème.

LA FEMME. Dis pas de bêtises.

LE PREMIER HOMME. Alors explique-moi mieux! Explique ce que je dois faire. Je rentre à la maison si tu veux.

LA FEMME. Non non, ne rentre pas. Ne me laisse pas.

LE DEUXIÈME HOMME *(au premier homme, s'approchant)*. Pardon, je veux préciser quelque chose : il ne s'est rien passé entre votre femme et moi. Seulement un amour d'enfance, des choses d'enfants, c'est tout. L'essentiel a eu lieu dans la tête je crois.

LE PREMIER HOMME. Ce n'est pas ma femme.

LE DEUXIÈME HOMME *(s'approchant de plus en plus, à la femme)*. Muriel. Je suis venu jusqu'ici pour que tu viennes avec moi, comme on avait dit.

LA FEMME. Je comprends plus rien à tout ça.

LE DEUXIÈME HOMME. Tu n'as pas envie qu'on parte maintenant?

LA FEMME. Où tu veux qu'on parte maintenant? Je comprends pas que tu puisses être là devant moi. Je deviens complètement dingue.

LE PREMIER HOMME *(au deuxième homme)*. Vous voulez quoi au juste exactement? Je ne comprends pas bien. Je doute pas que vous ayez eu une grande histoire tous les deux mais à part ça si elle, elle n'a pas envie de vous suivre vous allez devoir la laisser tranquille.

LE DEUXIÈME HOMME. Je crois pas qu'elle n'ait pas envie de me suivre.

LA FEMME *(énergiquement)*. Non je n'ai pas envie et j'ai très peur de toi.

LE DEUXIÈME HOMME. Il n'y a aucune raison d'avoir peur de moi et je crois pas que tu as enterré tous tes désirs ou alors c'est que tu ne dis pas la vérité.

LA FEMME *(s'emportant)*. La vie que j'ai me va très bien... Je t'ai oublié pour ce qui est de la vraie vie et pour l'autre vie tu m'accompagnes toujours et je n'ai pas besoin de plus.

LE DEUXIÈME HOMME *(s'emportant lui aussi)*. C'est pas vrai ce que tu dis, je te crois pas, c'est des compromis que tu fais dans ta tête tout ça... Tu es déjà pleine d'amertume, d'ailleurs je le sens. Demande-lui à lui, lui-même l'a remarqué et il en souffre d'ailleurs, il est incapable de te rendre heureuse. Cet homme-là ne pourra jamais combler tes désirs, il le sait et il n'a aucune solution à apporter.

LE PREMIER HOMME. Il est complètement fracassé ce type.

LE DEUXIÈME HOMME. Excusez-moi si ce que je vous dis vous blesse, sincèrement. Muriel, arrête d'hésiter et viens, on part maintenant.

*Il lui prend le bras pour l'emmener avec lui.*

LE PREMIER HOMME. Laissez-la maintenant!! Ça suffit! Vous avez entendu ce qu'elle vous a dit, elle veut pas vous suivre.

LE DEUXIÈME HOMME. Viens avec moi.

LA FEMME. Tu ne devrais pas être là.

LE DEUXIÈME HOMME. Le désir est plus fort que les explications.

LE PREMIER HOMME. Arrêtez maintenant c'est bon. *(À la femme.)* Sois plus claire avec lui aussi!! Vous vous embrouillez la tête tous les deux. *(Au deuxième homme)* Arrêtez d'insister maintenant, c'est totalement irrespectueux votre attitude, même au nom de votre passé commun vous n'avez pas le droit d'insister comme ça… C'est ma compagne et pour le moment c'est la femme de ma vie… Ma vie pas votre vie.

LE DEUXIÈME HOMME. Qu'est-ce que ça veut dire "pour le moment"? Vous n'êtes pas très sûr de vous?

LE PREMIER HOMME. Mais ça va pas la tête?? Vous êtes totalement malade. Viens on se barre Muriel, j'en peux plus. *(Il commence à s'éloigner. La femme ne bouge pas.)* Qu'est-ce que tu fais? Qu'est-ce que tu fais?

LA FEMME *(au premier homme, sans le regarder)*. Excuse-moi, je vais peut-être faire quelque chose que tu ne vas pas comprendre.

*La femme et le deuxième homme commencent à s'éloigner.*

LE PREMIER HOMME. C'est-à-dire?

LA FEMME *(s'éloignant, très émue, se laissant entraîner par le deuxième homme)*. Je vais peut-être ne pas rentrer avec toi.

LE PREMIER HOMME. Ça va pas?

LA FEMME. Et je vais te laisser.

LE PREMIER HOMME. Je rêve là.

LA FEMME. C'est plus fort que ma peur d'un coup, alors je vais y aller. Je vais aller avec lui. Je vais essayer. Je te jure, je comprends rien à ce qui se passe. Accepte les choses, y a pas vraiment d'explication, y a juste l'envie qui est très grande, trop forte.

LE PREMIER HOMME. Mais ça va pas, vous êtes totalement cinglés, je peux pas laisser faire! La vie c'est pas ça!! On décide pas comme ça Muriel.

*Il commence à courir pour les rattraper, le couple a disparu dans l'obscurité.*

VOIX DE LA FEMME. Je sais, c'est peut-être une erreur.

*On entend le bruit des voix mêlées ; une lutte acharnée entre les trois.*

LE PREMIER HOMME. Mais non.

LA FEMME *(au premier homme)*. Laisse-moi.

LE DEUXIÈME HOMME. Laissez-la.

LE PREMIER HOMME. Non.

LA FEMME. Laisse-moi, je t'en supplie.

LE PREMIER HOMME. Mais non.

*On entend les cris de la lutte encore quelques instants puis un grand silence. L'homme revient, portant la femme dans ses bras. Il la dépose sur le sol. Un long temps.*

LA FEMME *(reprenant ses esprits)*. Je te remercie de m'avoir retenue, de ne pas m'avoir laissée partir. Je te remercie, tu ne peux pas savoir comment je te remercie de pas m'avoir laissée.

LE PREMIER HOMME. Tu me remercies?

LA FEMME. Oui, je te remercie. Oui, tu m'as retenue moi et tu l'as chassé lui.

LE PREMIER HOMME. Mais c'est complètement incohérent ce qui s'est passé Muriel, tu t'en rends compte? Si je t'avais laissée partir tu serais partie.

LA FEMME *(se levant)*. Oui je sais... Viens, on va rentrer, je vais te raconter tout ce que je peux te raconter. J'aurais dû le faire il y a longtemps.

LE PREMIER HOMME. C'est humiliant Muriel ce qui s'est passé... Je suis qui pour toi, moi? Une bouée? À laquelle tu t'accroches pour ne pas couler.

LA FEMME. Viens, on va rentrer maintenant.

LE PREMIER HOMME. Tout ne va pas très bien Muriel entre nous, c'est ce que je vois moi et c'est ce que je ressens.

LA FEMME. Qu'est-ce que tu ressens?

LE PREMIER HOMME. Tu es prête à m'abandonner pour le premier venu.

LA FEMME. Ce n'était pas le premier venu.

LE PREMIER HOMME. Ça, j'ai compris.

LA FEMME. Non ce n'est pas ce que je veux dire… Cette personne n'est pas vivante… Cette personne est morte.

LE PREMIER HOMME. Arrête, j'en ai assez entendu ce soir.

LA FEMME. Cette personne n'est pas comme nous, comme toi comme moi. Cette personne n'existe plus depuis très longtemps, ne me laisse pas.

LE PREMIER HOMME. Tu continues à te moquer de moi. *(Commençant à partir, en direction de la fête.)* Je te laisse, je m'en vais. Rentre toi si tu veux mais peut-être ne m'attends pas, ne m'attends plus, même c'est mieux comme ça peut-être. Je crois.

*Il sort.*

LA FEMME *(à travers ses larmes)*. Ne me laisse pas, s'il te plaît.

*Noir.*

— mariage —

*Christelle (la future mariée), Caroline, Marie-Ève, Myriam et Nathalie (sœurs de Christelle), Christian (le futur marié) et le mari de Myriam.*

*Un couloir dans une mairie. Christelle en robe de mariée et Christian se dirigent vers la salle des mariages. Caroline entre, l'air très agité, lancée à leur poursuite.*

CAROLINE *(interpellant les trois)*. Christelle arrête-toi !

CHRISTIAN *(se retournant)*. Quoi ?

CHRISTELLE *(se retournant)*. Qu'est-ce qui se passe encore ?

CAROLINE. Vous pouvez pas faire ça, c'est pas possible !

CHRISTELLE. Tu… Quoi ?? Qu'est-ce qui est pas possible ??

CAROLINE. Vous pouvez pas vous marier, j'ai bien réfléchi… Je peux pas…

NATHALIE. C'est quoi encore cette histoire Caroline ??

CHRISTELLE. Et pourquoi s'il te plaît ??

CAROLINE. Christelle, je crois que t'as pas conscience du mal que tu es en train de me faire.

CHRISTIAN. Quoi?

CHRISTELLE. Écoute Caroline, c'est très sérieux ce qui est en train de se passer dans ma vie aujourd'hui.

CAROLINE. Je suis bien placée pour le savoir que c'est sérieux. C'est de ma vie dont il est question à moi aussi… Je crois que je survivrai pas si vous allez au bout de ce que vous faites.

CHRISTELLE. Quoi??

CHRISTIAN. C'est quoi ce délire??

CHRISTELLE. T'as gâché une grande partie de la vie de notre famille… Mais aujourd'hui c'est plus possible, c'est mon mariage… Je te tue si tu fous ta merde.

CAROLINE. Je te jure Christelle, c'est pas un coup de folie. C'est sérieux, je peux pas faire autrement vraiment… Je te demande un vrai service de sœur, de sœur jumelle, ne vous mariez pas!! Je ne le supporterai pas. Tu ne peux pas imaginer le mal que ça va me faire si vous faites votre vie ensemble…

CHRISTELLE. T'es amoureuse de Christian??

CAROLINE. Oui, à la folie et lui aussi y m'aime… À la folie. Je le sais, je le sens.

CHRISTIAN. M'enfin c'est quoi cette histoire!!

CHRISTELLE. Et ça sort aujourd'hui?? C'est pour m'emmerder que tu fais ça??

CAROLINE. J'ai essayé de me contenir, je te jure. Mais je peux pas, c'est au-dessus de mes forces, j'y arrive pas… Je veux pas que vous vous mariiez, c'est insupportable comme idée! Ça va à l'inverse des lois naturelles!! C'est grave!! Il m'aime aussi. Il m'aime comme je l'aime.

CHRISTIAN. Mais c'est pas vrai, elle est encore plus dingue qu'elle n'a jamais été…

CAROLINE. Ne m'insulte pas Christian s'il te plaît.

NATHALIE. Elle est en pleine crise.

CAROLINE. N'insulte pas notre amour, même si je sais que la situation n'est pas facile pour toi.

CHRISTIAN. Mais qu'est-ce que tu racontes ? Tu dis n'importe quoi…

MARIE-ÈVE *(entrant, affolée)*. Qu'est-ce que vous foutez ?? Y a un problème ?

CHRISTELLE. C'est Caroline qui est en train de bousiller mon mariage.

NATHALIE. Laisse-nous tranquilles Caroline… Aujourd'hui on ne peut plus rien pour toi ! Ce que tu fais là c'est très très grave, si tu gâches ce moment de la vie de Christelle personne ne te le pardonnera jamais dans la famille.

CAROLINE. Vous comprenez vraiment rien on dirait.

CHRISTIAN. Excusez-moi, ça me concerne un peu j'aimerais bien dire un mot…

CHRISTELLE. Et depuis quand tu es amoureuse de Christian, dis-moi ??

MARIE-ÈVE. Elle est amoureuse de Christian ?

NATHALIE. Oui il paraît… Fallait s'y attendre… J'étais sûre qu'elle allait nous faire quelque chose aujourd'hui.

MARIE-ÈVE *(entraînant Christelle vers la salle des mariages)*. Mais bordel, vous occupez pas d'elle, elle est en train de vous faire son cirque. Y a tout le monde là-bas qui est en train de se demander ce qui se passe. Allez foncez.

CAROLINE. Putain tu me déçois toi aussi, je pensais pas !!

CHRISTELLE *(revenant vers Caroline, suivie des autres)*. Elle a pourri toute ma vie cette fille et aujourd'hui elle continue.

CAROLINE. Aujourd'hui c'est toi qui es en train de pourrir ma vie !!

CHRISTELLE. Moi je pourris ta vie?

CAROLINE. Oui tu veux m'enlever l'homme que j'aime et tu t'étales au grand jour avec lui, sous mes yeux.

CHRISTELLE *(explosant)*. Mais depuis quand est-ce que tu aimes Christian??

CAROLINE. Depuis qu'on est tout petits, depuis toujours!

CHRISTELLE. Depuis que vous êtes tout petits??

CAROLINE. Oui.

CHRISTIAN. N'importe quoi.

NATHALIE. Mais c'est n'importe quoi, mais pourquoi on discute?!

CHRISTELLE. Bon, ben voilà admettons, mais aujourd'hui je l'aime, moi et c'est moi qu'il aime, lui. La preuve c'est qu'on se marie.

NATHALIE. Mais pourquoi est-ce que tu discutes??

CAROLINE. Se marier c'est pas une preuve… Qui te dit qu'il t'aime vraiment toi et pas moi?

CHRISTELLE. Bon ben demande-lui!!

CHRISTIAN. Mais pourquoi tu discutes avec elle alors que les gens nous attendent?!

CAROLINE. N'essaye pas de fuir Christian.

CHRISTIAN. Moi j'en peux plus de tout ça!!

CHRISTELLE. Christian m'a choisie et je suis désolée pour toi, je ne savais pas que tu l'aimais secrètement.

CAROLINE. Il m'aime aussi.

CHRISTIAN. Mais c'est pas vrai.

CAROLINE. Alors prouve-moi que tu l'aimes elle et pas moi.

CHRISTIAN. Je me marie avec ta sœur et pas avec toi.

CAROLINE. Ça c'est pas une preuve, des tas de gens se marient par nécessité ou pour respecter une parole qu'ils ont donnée un jour où ils étaient bourrés par exemple. Mais toi c'est moi que tu aimes et tu le sais bien.

CHRISTIAN. Mais qu'est-ce qu'elle raconte ??

CAROLINE. Prouve-moi que tu l'aimes elle alors !! Je t'écoute... *(Un petit temps.)* Prouve-moi que tu l'aimes plus que moi, si tu y arrives je te jure qu'après je vous laisserai tranquilles.

CHRISTIAN. Mais je vais rien te prouver du tout c'est de la folie... Tu es folle Caroline et c'est tout.

CAROLINE. Évidemment tu ne peux rien me prouver du tout... C'est ça la preuve... Mais je le savais... Tu m'aimes, ça se ressent tu sais...

NATHALIE. Bon là c'est grave !! C'est une très grosse crise.

CAROLINE. Et la preuve c'est qu'on s'est embrassés, tu m'as embrassée. *(Aux autres.)* Il m'a embrassée...

CHRISTELLE. Quoi ??

NATHALIE. Quoi ?

CHRISTIAN. Comment ça je t'ai embrassée ?

MARIE-ÈVE. Elle est folle !!

CAROLINE. Comment ça je suis folle, on ne s'est pas embrassés Christian ? Tu ne m'as pas embrassée ??

CHRISTIAN. T'es vraiment totalement infecte et répugnante toi et complètement givrée surtout.

CAROLINE. Mais est-ce que je suis une menteuse ?? C'est vrai ou c'est pas vrai qu'on s'est embrassés ??

CHRISTIAN. Tu veux tout détruire c'est ça ?

CAROLINE. Je veux pas que tu gâches ma vie et la tienne.

CHRISTELLE *(à Christian).* Vous vous êtes embrassés ?

CHRISTIAN. Mais non !

CAROLINE. Tu nies ? Quel jeu tu joues Christian ? Pourquoi tu mens ? Pourquoi tu veux te sacrifier comme ça en épousant Christelle alors que tu l'aimes seulement comme une amie et pas d'amour et que t'as surtout pitié d'elle, comme tu m'as dit. Parce qu'elle a beaucoup souffert dans sa vie avec son mari d'avant.

CHRISTELLE. Mais tu es monstrueuse toi !!

CAROLINE. C'est pas vrai Christian ??

CHRISTELLE. Putain mais c'est pas vrai ! Qu'est-ce qui m'arrive ?? C'est un cauchemar cette sœur !! Tu es un vrai cauchemar !! Tu es mon cauchemar, c'est pas vrai !! Tu veux me tuer ? Tu veux me détruire, tu veux ma mort ?

CAROLINE. Excuse-moi si je te fais du mal mais dans l'amour, je crois, c'est pas la raison ordinaire qui doit parler c'est autre chose. Christian il se marie avec toi parce qu'il veut pas te décevoir et te faire du mal justement mais dans sa tête c'est avec moi qu'il voudrait être… Dans la vie on ne doit jamais sacrifier le vrai amour, jamais. Tant pis si c'est cruel.

CHRISTELLE. Bon, moi j'abandonne… J'arrête ! Allez dire à tout le monde qu'on annule ! On arrête tout ! Moi je rentre chez moi, j'en peux plus.

NATHALIE. Mais ça va pas ?! C'est pas parce qu'elle est malade et en crise que tu dois foutre ta vie en l'air… Sa maladie c'est d'essayer de détruire justement… Et elle est en train d'y arriver.

CAROLINE. Ça vous arrange bien le concept de maladie !!

CHRISTELLE (à Christian). Et tu l'as embrassée ou tu l'as pas embrassée cette timbrée ?? (Un temps.) Réponds-moi s'te plaît !!

CHRISTIAN. On s'est fait un baiser, oui c'est vrai. Je sais pas pourquoi j'ai fait ça. C'était une pulsion. J'avais envie, un soir où j'étais perdu, en raccompagnant ta sœur en bagnole, mais le lendemain je lui ai parlé pour remettre les choses à leur place et on avait décidé de jamais plus en rediscuter. Putain, on a traversé de drôles de choses toi et moi depuis deux ans, ç'a été drôlement compliqué quand même. Y a eu nos divorces à tous les deux et puis nous on savait plus à une période si on s'aimait parce qu'on se connaissait depuis quarante ans ou bien parce qu'on s'aime vraiment.

CHRISTELLE. Oh làlàlà putain!!

MARIE-ÈVE. Tu l'as embrassée??

CHRISTIAN. Oui. Je sais c'est pas très intelligent…

CAROLINE *(à Christian)*. Sois pas trop cruel avec moi s'il te plaît, je sais que tu veux la préserver elle mais quand même.

CHRISTELLE *(à Christian)*. Mais pourquoi tu as fait ça?? Tu sais bien comment elle est.

CHRISTIAN *(à Christelle)*. Ben oui je sais mais j'ai aussi une certaine complicité avec ta sœur… Forcément, je vous connais toutes depuis toujours, on se connaît depuis l'enfance tous… Mais là elle, elle veut tout casser entre nous c'est tout!!

CHRISTELLE. Mais pourquoi tu l'as embrassée?

NATHALIE. Elle est fragile, elle est malade, Christian. Tu savais bien le risque que tu prenais quand même en faisant ça!!

MYRIAM *(entrant, suivie de son mari, très affolée)*. Qu'est-ce qui se passe ici? L'adjoint de la mairie doit partir dans deux minutes… Il est totalement fou de rage…

LE MARI DE MYRIAM. Et il est vraiment con en plus.

MYRIAM. Qu'est-ce qui se passe?

NATHALIE. C'est la crise.

CHRISTELLE *(à Christian)*. Mais pourquoi t'as fait ça? C'est irresponsable de faire ça.

CHRISTIAN. Mais je sais pas, j'étais fatigué c'est tout… Putain mais on a quarante-cinq ans, bientôt cinquante!! C'est quoi un baiser? Je l'ai embrassée, je lui ai pas fait l'amour.

CAROLINE *(à Christian)*. C'était à deux doigts quand même.

CHRISTIAN *(à Christelle)*. Je l'ai embrassée on va pas sacrifier notre vie d'adultes et notre avenir pour un baiser. Merde.

MARIE-ÈVE *(à Christian).* En fait t'as embrassé toutes les femmes de la famille toi ?

CHRISTELLE. Comment ça ?

CHRISTIAN. Qu'est-ce que tu veux dire ?

MARIE-ÈVE. Tu vois pas ce que je veux dire ??

CHRISTELLE. Qu'est-ce que tu veux dire ??

MARIE-ÈVE. Non, rien.

CHRISTELLE. Mais si, vas-y maintenant, tant qu'on y est !!

MARIE-ÈVE. Ben y a cinq ans on a eu notre petite embrassade à nous aussi Christian et moi, c'est tout.

CHRISTELLE. Embrassade comment ?

MARIE-ÈVE. Ben embrassade. Je vais pas vous faire un dessin.

CHRISTIAN. Mais ça n'a rien à voir. C'est pas la même période en plus et c'était à une soirée et on était totalement ivres.

MARIE-ÈVE. Et on en a parlé le lendemain nous aussi, pour se dire qu'on devait plus en reparler.

LE MARI DE MYRIAM. On annule tout alors ?? Bon ben je vais prévenir les autres.

*Il sort.*

CHRISTIAN. Mais non !! *(à Myriam.)* Il déconne ton mari Myriam j'espère !!

MYRIAM. Je crois.

CAROLINE. Qu'est-ce que tu veux insinuer Marie-Ève en disant ça ?? Qu'il est amoureux de toi aussi ??

CHRISTIAN. Je rêve. Vous vous rendez compte qu'on est en train de foutre en l'air notre projet de vie à Christelle et à moi. Tout ça pour des histoires de baisers sur la bouche. C'est surréaliste… On se croirait dans une secte catholique au fin fond d'une campagne au XIXᵉ siècle… C'est pas possible.

CHRISTELLE. Pourquoi ? Être évolué c'est séduire toutes les sœurs d'une même famille, c'est ça ??

CHRISTIAN *(à Christelle)*. Mais enfin tu dis n'importe quoi !! On se connaît depuis toujours, toi et ta famille. J'étais votre voisin, c'est pas ma faute quand même si je connais toutes tes sœurs depuis toujours… Je connais toutes tes sœurs quasiment aussi bien que toi… Je les ai fréquentées autant que toi et tu le sais… J'étais même plus proche de Nathalie que de toi pendant longtemps, on était au lycée dans la même classe, ensemble.

CHRISTELLE. Oui mais avec Nathalie il s'est rien passé que je sache, c'est ce que tu m'as toujours dit !!

CHRISTIAN. Mais non… Et surtout, bordel, on a tous eu une vie avant… On va pas se mettre à la passer au microscope !! La question essentielle aujourd'hui c'est qu'est-ce qu'on veut faire toi et moi de notre avenir, c'est pas le passé qui est important merde…

CHRISTELLE. Tu veux peut-être me dire qu'il y a eu quelque chose aussi avec Nathalie, c'est ça ??

CHRISTIAN. Pourquoi tu me demandes ça ? Je viens de te dire qu'il s'est rien passé avec elle, on en a déjà parlé… Demande-lui si tu veux.

CHRISTELLE. Pourquoi tout ça m'arrive aujourd'hui ??

*Elle pleure.*

CHRISTIAN. Mais qu'est-ce qui se passe, je comprends rien ??

CHRISTELLE. C'est horrible ce que je ressens Christian, comme ça d'un coup… C'est horrible.

CHRISTIAN. Qu'est-ce qui est horrible ??

CHRISTELLE. Je suis en train de descendre de cinquante étages sans m'arrêter… Et j'ai l'impression que je vais m'écraser, m'exploser en bas… Nathalie m'a parlé il y a un an… quand notre relation à nous devenait sérieuse. Elle m'a dit qu'il s'était passé quelque chose entre vous quand vous étiez ados… Et que c'était votre secret… Je croyais que c'était pas très grave, j'attendais que tu m'en parles un jour mais là maintenant aujourd'hui je sais plus… Finalement je crois que je trouve ça très grave en fait…

CHRISTIAN. Oh làlàlàlàlàlà!!

MARIE-ÈVE. Elle est vachement compliquée en fait cette situation!!

CAROLINE. Ce qui est bien je trouve, c'est que ça met bien en évidence que ce mariage est une erreur.

CHRISTIAN (à Nathalie). Mais putain, pourquoi est-ce que tu lui as dit??

NATHALIE. Parce que c'est la vérité… Je lui ai dit la vérité, c'est ma sœur quand même, elle venait de m'annoncer qu'elle était follement amoureuse de toi et que vous alliez peut-être vous marier.

CHRISTIAN. Oh làlàlàlàlà!

MARIE-ÈVE. Vous vous êtes juste embrassés ou vous êtes allés plus loin??

NATHALIE. Non, on s'est juste embrassés, on a flirté pendant une petite quinzaine de jours… Dans le plus grand secret… Et ça s'est arrêté quand il est sorti un soir avec Myriam…

CAROLINE. Avec Myriam??

CHRISTIAN. Oh làlàlàlà!

NATHALIE. J'ai pas supporté! À l'époque j'avais des principes… J'avais pas pardonné qu'il me trahisse, avec ma grande sœur en plus… C'était à une soirée… D'après lui il l'avait juste embrassée… Ils avaient fait ça parce qu'ils étaient malheureux tous les deux il m'a dit… Parce qu'on s'était disputés lui et moi juste avant… Il m'avait dit qu'il regrettait à mort d'avoir fait ça… J'en ai jamais reparlé avec Myriam.

CHRISTELLE (à Nathalie). Tu m'avais pas raconté ça!!

NATHALIE. Non je n'ai pas osé, je t'ai raconté ce qui me concernait pas ce qui concernait Myriam.

MARIE-ÈVE. Oh làlàlàlàlà!

CHRISTELLE (à Myriam). Christian t'a embrassée??

MYRIAM. Oh mais c'est vieux! Il y a vingt ans!! On est quand même pas obligés aujourd'hui de se polluer la vie avec ces histoires vieilles d'il y a vingt ans.

CHRISTIAN. Ah OK merci, enfin! Une parole sensée.

CHRISTELLE. Entre sœurs éventuellement c'est des choses qui peuvent se dire.

MYRIAM. Eh bien moi je crois pas.

LE MARI DE MYRIAM (entrant). Vous en êtes où? Le mec de la mairie est sur le départ! Vous faites des gueules d'enterrement maintenant qu'est-ce qui se passe??

CAROLINE (sortant). Moi je m'en vais… Christian c'est pas la peine de me rappeler… Le coup de Myriam là c'est trop pour moi…

MARIE-ÈVE (au mari de Myriam). Tout ça c'est à cause de ta femme. Le mariage de Christelle est en train de s'écrouler… Et la relation de Christian avec Caroline aussi, c'est Myriam qui a tout fait foirer dans cette histoire.

CHRISTELLE (sortant, en direction de là d'où elle était arrivée). Moi aussi je m'en vais, désolée Christian je sais pas si je suis vieux jeu comme tu dis mais ça passe pas j'ai l'impression d'être dans un téléfilm. On se rappellera plus tard.

LE MARI DE MYRIAM. Quoi? Christian avait une relation avec Caroline??

MARIE-ÈVE. Oui et avec Myriam ta femme aussi!!

LE MARI DE MYRIAM. Ah bon?

MARIE-ÈVE. Quelqu'un s'occupe de récupérer Christelle? Moi je vais aller prévenir les autres…

*Elle sort en direction de la salle des mariages.*

NATHALIE. J'y vais je m'en occupe.

*Elle sort, rejoignant Christelle.*

MYRIAM *(à son mari)*. Christian et moi on s'est embrassés y a vingt ans... Y a vraiment de quoi déclencher une guerre nucléaire tu penses ??

LE MARI. Ben non... C'est drôle, tu me l'avais jamais dit.

MYRIAM. Je m'en rappelais plus. *(Le mari de Myriam sort. À Christian.)* Ça avait été bien ce soir-là tu te souviens ? Je m'en souviens. En fait c'est con mais j'ai toujours regretté que ça n'aille pas plus loin entre nous deux.

*Noir.*


— mort —

*Un couloir faiblement éclairé dans un appartement. Une jeune femme essayant de contenir une très forte émotion et un homme, visiblement fatigué, marchent à petits pas.*

LA FEMME. J'ai hésité à vous appeler.

LE MÉDECIN. Pourquoi ?

LA FEMME. Je ne voulais pas vous déranger en pleine nuit.

LE MÉDECIN. Je suis le médecin de votre père depuis le début, je n'aurais pas compris que vous ne m'appeliez pas immédiatement.

LA FEMME. Mais vous devez être si fatigué.

LE MÉDECIN. Vous aussi.

LA FEMME. Depuis le début de son coma je n'ai rien fait de fatigant de ma vie vous savez, seulement attendre et espérer... Et veiller sur lui.

LE MÉDECIN. Comment avez-vous fait pour tenir tout ce temps ?

LA FEMME. Comme dans les contes de fées, j'ai espéré... J'ai espéré, espéré que mon père se réveille. Mais la vérité c'est que j'ai cru à l'impossible. Vous êtes le seul médecin à ne pas m'avoir dissuadée d'espérer.

LE MÉDECIN. Chacun doit être libre d'espérer.

LA FEMME. Oui.

LE MÉDECIN. Maintenant vous allez penser un peu à vous? À votre avenir?

LA FEMME. À l'avenir? Oui oui bien sûr, il le faut. Il y a même une vie complètement nouvelle qui s'ouvre devant moi aujourd'hui… Je vais me marier.

LE MÉDECIN. Ah bon?? Vous marier? Mais c'est incroyable!!

LA FEMME. La décision a été prise il y a quelques mois déjà. Mon futur mari est là juste à côté. C'est un homme très bien…

LE MÉDECIN. C'est bien… Félicitations alors… Je suis très heureux.

LA FEMME. Ah oui? Après l'enterrement nous allons partir… nous installer dans sa famille, ça va me changer… Ils sont tous dans la finance.

*Elle rit.*
*Un temps.*

LE MÉDECIN. Bon… Moi je vais vous laisser… Je vais rentrer, il est tard.

LA FEMME. Oui.

LE MÉDECIN. Je vous souhaite le meilleur alors… Pour votre vie à venir… Soyez heureuse… Profitez de l'existence, vous le méritez… Au revoir Marianne.

*Il lui tend la main.*

LA FEMME. Merci.

*Elle prend sa main. Soudain elle l'enlace et l'embrasse avec passion. D'abord surpris le médecin essaie de se dégager, l'étreinte de la femme est si forte qu'il n'y parvient pas. La résistance de l'homme semble faiblir. Un temps. Le baiser se prolonge puis ils finissent par se séparer. Ils sont troublés. On entend une porte puis des pas, un homme entre.*

L'HOMME. Bonsoir.

LE MÉDECIN *(mal à l'aise).* Bonsoir.

LA FEMME *(très troublée, au médecin)*. Je vous présente. C'est Antoine dont je viens de vous parler.

LE MÉDECIN *(serrant la main de l'homme)*. Enchanté.

L'HOMME. Bonsoir docteur, enchanté. Un grand merci pour tout ce que vous avez fait dans cette maison…

LE MÉDECIN. Je n'ai fait que mon travail…

L'HOMME. Un peu plus je crois.

LE MÉDECIN. Mais non… *(Un petit temps.)* Je ne vais pas vous déranger plus longtemps… En tout cas je vous félicite… Marianne m'a dit la nouvelle vous concernant.

L'HOMME. Merci c'est très aimable… La vie est faite ainsi… Et nous allons partir dès que possible… Marianne en a ressenti le désir.

LE MÉDECIN. Je vais me retirer, vous laisser, si vous n'y voyez pas d'inconvénients.

L'HOMME. Mais oui bien sûr.

*La femme saisit la manche du médecin, pour le retenir.*

LA FEMME. Mais oui bien sûr.

*Un temps. L'homme et le médecin, remarquant l'attitude de la femme, sont très gênés. Ils s'efforcent de ne pas le laisser paraître.*

LE MÉDECIN *(d'un air dégagé, s'efforçant de masquer son trouble)*. Et je vous renouvelle tous mes vœux de bonheur.

L'HOMME *(d'un air dégagé)*. Merci… Merci encore.

LE MÉDECIN *(tout en essayant de se dégager)*. Dans un sens Marianne l'a très bien compris, je crois… C'est bien que tout cela prenne fin comme ça… En douceur, sans souffrance et qu'une nouvelle vie s'ouvre devant elle.

L'HOMME *(aidant le médecin à se dégager)*. Absolument.

LA FEMME *(sur un ton de plus en plus tragique, s'agrippant au médecin de plus en plus fort)*. Oui absolument.

LE MÉDECIN *(cherchant à se dégager avec de plus en plus d'énergie).* Quand partez-vous ??

L'HOMME *(cherchant à libérer le médecin).* Dès que nous aurons tout réglé ici… J'espère au plus vite.

LE MÉDECIN *(luttant pour se dégager).* C'est bien.

LA FEMME *(s'agrippant au médecin).* Oui, c'est bien.

LE MÉDECIN *(luttant)…* Et où résidez-vous ?

L'HOMME *(cherchant à libérer le médecin).* Nous habitons dans une partie plutôt montagneuse de la Suisse.

LE MÉDECIN *(luttant toujours).* Oui, je vois, je vois, très bien.

LA FEMME *(s'agrippant toujours au médecin).* On sera bien là-bas… Ce sera calme.

L'HOMME. Oui.

LA FEMME. On est très heureux de partir.

L'HOMME. Au revoir encore et merci docteur.

LE MÉDECIN. Au revoir.

LA FEMME. C'est une nouvelle vie qui commence, c'est formidable.

LE MÉDECIN. Au revoir Marianne.

LA FEMME. Ça va être formidable, je me réjouis… On va se marier dans un mois… J'ai hâte… J'ai hâte de me marier avec mon mari… J'ai hâte… C'est un homme comme lui que je désirais rencontrer et épouser… *(Après des efforts importants, le médecin réussit finalement à se dégager. Il sort avec précipitation.)* C'est un homme comme lui… Je suis heureuse.

*La femme s'allonge sur le sol, pleurant. L'homme s'allonge à ses côtés, la console.*
*Noir.*
*Celui ou Celle qui chante, seul(e) sur la scène, accompagne la souffrance de la femme.*

*Une chambre d'hôtel. Un homme, d'apparence élégante, est en train de faire le nœud de sa cravate. Une femme entre.*

LA FEMME. Bonjour Monsieur Dengé, je ne vous dérange pas? Je voulais vous dire que votre rendez-vous de 10 heures était arrivé à l'hôtel, un peu en avance d'ailleurs, et qu'il vous attend en bas dans le hall.

L'HOMME. Ah bon déjà? C'est emmerdant… Font chier tous ces cons à être en avance.

LA FEMME. Je lui ai fait comprendre qu'il était vraiment en avance, et je crois que tout va bien.

*La femme semble gênée.*

L'HOMME. Vous avez un problème ou quoi?

LA FEMME. Je voudrais m'excuser de m'être endormie hier soir dans votre chambre… C'est un peu honteux.

L'HOMME. Ouais… On est tous très fatigués… à cause de ce séminaire à la con… De toute façon il était minuit non? Il était temps de s'arrêter de travailler.

LA FEMME. En fait j'aimerais vous poser une question, Monsieur Dengé.

L'HOMME. Je vous écoute.

LA FEMME. Est-ce que par hasard il ne se serait pas passé quelque chose… dans votre chambre pendant que je dormais??

L'HOMME. C'est-à-dire?

LA FEMME. Eh bien j'ai comme une impression vague… ce matin en me réveillant…

L'HOMME. Une impression vague de quoi?

LA FEMME. Je n'ai pas eu cette impression tout d'abord… Mais c'est plus tard, au milieu de la nuit et puis ce matin.

L'HOMME. Qu'est-ce que vous me racontez?

LA FEMME. Eh bien ne m'en voulez pas de vous dire ça... Mais j'ai l'impression... Ou plutôt le sentiment... Non l'impression... que quelqu'un est venu en moi cette nuit. *(Un petit temps.)* Ou plus exactement que vous êtes venu en moi cette nuit.

*Un temps. L'homme semble abasourdi.*

L'HOMME. Que je suis venu en vous cette nuit ? Vous êtes totalement dérangée ma pauvre Myriam !!

LA FEMME. Oui certainement ! C'est ça !! À vrai dire je me le suis dit tout à l'heure... Tu es totalement folle Myriam.

L'HOMME. Je l'avais déjà remarqué. Au mieux vous avez rêvé ma pauvre !!

LA FEMME. Je dois vous préciser que ce sentiment vague en moi, après cette nuit, ne me laisse pas un souvenir désagréable...

*Un petit temps.*

L'HOMME. Quoi ??

LA FEMME. Vous me trouvez folle de vous parler comme ça ? Alors que j'ai toujours repoussé toutes vos propositions...

L'HOMME. Oui, je crois que c'est ça que je veux dire !!

LA FEMME. C'est vrai, j'ai toujours repoussé toutes vos propositions vraiment assez nombreuses... Et si je l'ai fait c'est parce que je suis mariée bien sûr mais aussi et surtout parce que je n'en avais pas du tout le désir... Mais ce matin je sens comme s'il existait la possibilité d'une évolution à l'intérieur de moi... Je sens que quelque chose... comme un frein... une gêne là *(elle montre sa tête)*... qui m'empêchait d'accéder à mon désir... a sauté on dirait...

*Un petit temps.*

L'HOMME. Écoutez Myriam, je crois qu'on a encore beaucoup de travail aujourd'hui avant de reprendre le train ce soir.

LA FEMME. Absolument d'accord avec vous.

L'HOMME *(hésitant)*. Mais bon, comme je vous l'ai déjà dit, je ne serais pas contre une certaine évolution de nos relations dans un cadre bien défini!! Est-ce que vous voyez ce que je veux dire.

*Il rit.*

LA FEMME. Pardon, vous n'aimeriez pas essayer de répondre à ma question d'abord?

L'HOMME. C'est-à-dire?

LA FEMME. Hier soir, serait-il possible que vous m'ayez fait l'amour pendant que je dormais… Que vous ayez en quelque sorte pénétré… à l'intérieur de moi, là, sur le fauteuil??

*Un petit temps.*

L'HOMME *(s'approchant avec gravité de la femme)*. Vos accusations sont très très graves vous les mesurez j'espère??

LA FEMME. Vous pouvez me parler en toute sérénité Monsieur!

L'HOMME *(explosant, violemment)*. Mais comment pouvez-vous imaginer que j'ai pu faire quelque chose comme vous dites?? Vous me prenez pour qui?? C'est extrêmement mal intentionné de votre part, je vous le dis, de me parler comme vous le faites… *(Menaçant.)* Maintenant sortez de cette chambre!! Vos insinuations contre moi pourraient avoir des conséquences, je vous préviens.

*La femme commence à sortir.*

LA FEMME *(revenant sur ses pas, avec fougue)*. Je vous le dis : si vous avez entrepris quelque chose avec moi cette nuit, pendant que j'étais endormie sur ce fauteuil, eh bien j'aimerais le savoir et c'est tout… Et je ne viens pas vous en faire le reproche… Ou vous juger… Peut-être même au contraire. Oui je sais, c'est peut-être atroce de vous dire ça étant donné que des millions de femmes souffrent sur cette terre d'abus de la part des hommes… C'est très mal, je sais, de dire ça… C'est comme ça que je ressens les choses… Presque j'en serais à vous remercier… Parce que ça a débloqué quelque chose au fond de moi j'ai l'impression. Alors répondez-moi, s'il vous plaît… Dites-moi si tout ça n'est pas un rêve et qu'il s'est bien passé quelque chose hier soir entre nous. Vous avez peur, c'est ça Franck? C'est ça qui vous retient? Puisque je vous dis que vous n'avez rien à craindre... Je n'ai pas du tout l'intention de vous dénoncer...

L'HOMME *(surpris)*. Me dénoncer?

LA FEMME. Ce sont des agissements très graves dont on parle évidemment, hautement condamnables... Et qui sont réprimés très sévèrement d'ailleurs... En théorie vous pourriez avoir de très très gros ennuis Franck, c'est certain avec un comportement pareil. Mais puisque je vous dis que paradoxalement c'est comme si je n'avais pas eu à souffrir... Et même au contraire...

L'HOMME *(fébrile)*. Qu'est-ce que vous voulez savoir exactement?

LA FEMME. Je n'arrête pas de vous le dire.

L'HOMME *(inquiet, mal à l'aise)*. Et vous seriez vraiment disposée à envisager que vous et moi on se rapproche davantage encore?

LA FEMME. Je vous l'ai dit... Il me manque peu de choses... Ma tête a seulement besoin de repères et de compréhension... Et puis après je crois...

L'HOMME *(de plus en plus mal à l'aise)*. Peut-être avez-vous entendu certaines rumeurs à mon sujet? Et c'est ça qui vous fait penser que j'aurais pu être capable...

LA FEMME *(le coupant)*. Absolument pas d'ailleurs je ferme mes oreilles aux rumeurs en général. Dites-moi... Si vous avez entrepris quelque chose hier pendant que j'étais là endormie... sur le fauteuil!! Dites-le-moi... On dirait que vous avez peur Franck... Peur de moi... De plus en plus peur... *(Cherchant à se montrer rassurante, avançant de plus en plus vers l'homme.)* Mais il n'y a aucune raison... Je vous promets... Asseyez-vous... *(L'homme s'assoit dans le fauteuil.)* Parlez-moi tranquillement... Dites-moi les choses... *(articulant, détachant chacun de ses mots.)* Comme à une amie, une alliée... Je veux juste pouvoir entendre les mots... Les mots vrais, sortir de votre bouche...

*Noir.*

*Un couloir dans un appartement. Une femme raccompagne un homme en direction de la sortie. L'homme finit de mettre sa veste. Il porte une croix sur la poitrine.*

LA FEMME. À propos, tu ne m'as rien dit au sujet de l'avancement de tes travaux! Finalement ça touche à sa fin…?!

L'HOMME. Non pas du tout! Toute l'abside est encore en chantier!! Y a même toujours des gravats un peu partout… Et plein de poussière dans les allées… C'est très désagréable.

LA FEMME. Ah bon?

L'HOMME. Oui c'est très loin d'être fini… Plusieurs vitraux ont été démontés cette semaine et ne sont pas encore remontés.

LA FEMME. Comment ça se fait?

L'HOMME. C'est normal… Faire des travaux dans une église c'est très compliqué, il y a sans arrêt des problèmes liés aux questions historiques… Avec des autorisations à demander à tel ou tel ministère… C'est très administratif… Et alors tout se bloque! Tout s'arrête…! Et nous on reste dans la poussière…

LA FEMME. Ah bon? Ça doit être très pénible.

L'HOMME. Très… Et pour mes offices évidemment c'est très contraignant.

LA FEMME. Mon pauvre.

L'HOMME. Oui… Enfin, il y a plus pauvre que moi quand même.

LA FEMME. C'est une façon de parler…

*Un temps.*

L'HOMME. Je voulais te dire quelque chose… Je crois que je ne vais pas revenir… Je ne vais pas pouvoir revenir te voir… Voilà. C'est sans doute la dernière fois qu'on se voit toi et moi, en tout cas dans ces circonstances.

LA FEMME. Ah bon, qu'est-ce qui se passe??

L'HOMME. Eh bien il se passe… Un événement particulier… Il se passe que j'ai rencontré quelqu'un… J'ai rencontré une femme… depuis quelques semaines.

*Musique à la radio : une chanson des BeeGees, provenant d'une pièce voisine.*

LA FEMME *(ébranlée)*. Je comprends pas.

L'HOMME. Tu comprends pas ? Eh bien avec cette nouvelle situation je pense que ce n'est plus concevable que je vienne ici te voir évidemment…

LA FEMME. Tu as rencontré quelqu'un ?? Une femme ?

L'HOMME. Oui… Évidemment c'est très inattendu pour moi… tout ça… Et très compliqué, évidemment tu t'imagines bien étant donné ma situation mais j'ai des sentiments, vraiment des sentiments pour elle.

LA FEMME. Depuis combien de temps ??

L'HOMME. Depuis quelques semaines… Et alors c'est devenu difficilement justifié que je continue à venir ici.

LA FEMME. Difficilement justifié ?

L'HOMME. Oui.

LA FEMME. Vis-à-vis de qui ?

L'HOMME. Vis-à-vis de cette nouvelle situation, évidemment.

LA FEMME. Tout a l'air très évident on dirait pour toi… J'ai envie de te dire que pour moi ça l'est pas !!

L'HOMME. Je comprends.

LA FEMME. Tu comprends ?

L'HOMME. Oui, d'ailleurs j'ai décidé de te proposer quelque chose… Je te propose de te dédommager… Pour tout ce manque à gagner avec moi. J'ai préparé une somme. *(Il sort une enveloppe d'une poche de sa veste.)* Il n'y a pas la totalité de ce que je pense te proposer bien sûr… C'est comme un acompte… Je pense te proposer une somme qui correspond au manque à gagner avec moi

sur dix ans… Avec des modalités à préciser entre nous. Voilà…
J'espère que ça te semblera honnête. Et suffisamment respectueux.

*Un petit temps.*

LA FEMME. Tu te moques de qui Daniel??

L'HOMME. Comment ça?

LA FEMME. Qu'est-ce que l'argent a à voir avec tout ça??

L'HOMME. Il a tenu une place dans notre rapport… Et c'est tout…
Je ne le juge pas… Et c'est ce qui te permet de vivre… Il n'y a pas
de mal à parler d'argent… Surtout entre nous, non?? Tu connais
ma position là-dessus.

LA FEMME. Tu penses que tu ne peux plus justifier de venir ici?

L'HOMME. Non. C'est ce que j'ai dit, oui.

LA FEMME. Et tu penses régler cette question avec de l'argent?

L'HOMME. Je comprends pas ta réaction. Je t'ai blessée…?? Notre
rapport était en grande partie basé sur l'argent Élise… Et il n'y a
rien qui me choque dans cet intérêt que tu portes à l'argent… Il
est vital pour toi…

LA FEMME. Tu te moques de moi Daniel??

L'HOMME. Non pourquoi? Je ne comprends pas.

LA FEMME. Daniel tu n'as pas compris la place que tu avais prise
dans ma vie??

L'HOMME. Non, je crois que non. Tu m'inquiètes là.

LA FEMME. Comment as-tu interprété le fait que je cesse de te
demander de payer il y a deux ans?

L'HOMME. Mais qu'est-ce que tu dis? Je n'ai pas arrêté, à chaque
visite, d'insister pour te payer!! Tu ne peux pas dire le contraire.

LA FEMME. Oui c'est vrai… Tu as insisté. Mais à chaque fois j'in-
sistais encore plus fort que toi pour que tu ne payes pas.

L'HOMME. Oui et ça m'a gêné… Je te l'ai dit… Dès le début
quelque chose m'a gêné là-dedans.

LA FEMME. Tu croyais que j'avais le même fonctionnement avec chacun de mes clients ? Est-ce que tu t'es posé la question ??

L'HOMME. Tu me disais à chaque fois : "Ça va pour cette fois…" Alors je n'ai pas pensé que c'était devenu un principe… établi pour toujours… Et puis on n'en a jamais discuté sérieusement !!

LA FEMME. Et maintenant tu me dis comme ça "voilà je ne vais plus revenir parce que j'ai rencontré quelqu'un, une femme" ! Et je ne peux "évidemment" plus justifier vis-à-vis d'elle de venir ici… ??

L'HOMME. Oui, je dis ça.

LA FEMME. Mais moi ? Je suis qui ??

L'HOMME. Il y a un horrible malentendu on dirait.

LA FEMME. Je ne suis pas une femme ? Un être humain ? Une créature de Dieu ?

L'HOMME. Il y a un horrible malentendu entre nous.

LA FEMME. C'est-à-dire ? Tu n'as pas compris que j'étais une créature de Dieu ??

L'HOMME. Mais non !!

LA FEMME. C'est quoi alors ?

L'HOMME. Mais je n'ai pas pensé que nos rapports étaient ce que tu dis !!

LA FEMME. Et je dis quoi ??

L'HOMME. Qu'ils étaient basés sur des sentiments ?

LA FEMME. Tu n'avais pas remarqué ?? C'est vrai ?? En sept ans ?? J'étais quoi pour toi alors ? Pendant ces sept ans… Un orifice ?

L'HOMME. Arrête de parler comme ça, tu te dénigres toi et ton métier…

LA FEMME (de plus en plus émue). Et toi, tu viens me dire les yeux dans les yeux : "Il y a une FEMME maintenant dans MA vie." Tu n'as pas vu qu'il se développait quelque chose ?? Quand on parlait ?!

Quand on se caressait ? Tu n'as pas senti que j'aimais faire l'amour avec toi ??

L'HOMME. Je pensais que c'était essentiellement amical… Et que cela faisait partie de ta nature d'être chaleureuse… Et aussi de ton métier.

LA FEMME *(émue)*. Moi qui pensais que tu serais la plus belle relation dans ma vie… Ma seule relation avec un homme à moi toute seule… Et pour le reste de ma vie… Le seul homme stable que je pourrais connaître. Putain. J'étais bête. Je me suis raconté des histoires.

L'HOMME *(comme s'il réalisait)*. Je suis désolé Élise. Je suis désolé si je t'ai blessée et je te rends malheureuse. Je suis coupable, je suis fautif alors je suis désolé.

LA FEMME. Et moi donc.

L'HOMME. Pardon. Je n'ai pas compris que ton attachement à moi était important. J'ai cru que c'était un attachement ordinaire.

LA FEMME. Pauvre type.

L'HOMME. Ou alors j'ai compris que ce qui m'arrangeait !! Ça, c'est bien possible… Je suis désolé.

LA FEMME. Qu'est-ce que je vais faire ?

L'HOMME *(paniquant)*. Élise, je ne peux pas entretenir une relation avec deux femmes en même temps dans ma vie. C'est impossible. Peut-être qu'au fond de moi je pourrais avoir ce désir, je l'avoue… Mais ce n'est pas possible évidemment… Sans même parler de mes engagements et de ma vie religieuse évidemment…

LA FEMME. Trouve une solution.

L'HOMME. Ne me demande pas de rompre ma relation.

LA FEMME. Ton autre relation ?

L'HOMME. Oui… Ne me demande pas ça s'il te plaît, je me suis engagé.

LA FEMME. Non, je ne te demande pas de rompre ton autre relation… On ne demande pas ces choses-là à quelqu'un… Tu es vraiment prêt à faire quelque chose pour moi ?

L'HOMME. Oui. Crois-moi… Je suis sincère… Je voudrais assumer ma responsabilité… Mais je ne sais pas comment.

LA FEMME. Donne-moi quelque chose… Rien qu'à moi.

L'HOMME. Mais quoi ?

LA FEMME *(semblant réfléchir)*. Je ne sais pas, donne-moi du temps. Viens passer du temps avec moi, voilà.

L'HOMME. Du temps ?

LA FEMME. Oui viens manger de temps en temps chez moi, voilà.

L'HOMME. Comment ça ??

LA FEMME. Oui, viens manger avec moi chez moi, je te ferai à manger chaque soir de la semaine en dehors des périodes de vacances scolaires. Il n'y aura plus rien d'autre que ça entre nous… Rien, pas de contacts physiques… Ainsi tu n'auras rien à te reprocher vis-à-vis de ton autre femme.

L'HOMME. Tous les soirs de la semaine ?

LA FEMME. Oui jusqu'à 22 heures au moins, tu auras toutes tes soirées en week-end de libre. Tu veux vraiment faire quelque chose pour moi ?? Alors fais ça… Voilà un vrai dédommagement.

L'HOMME. C'est quand même très compliqué à mettre en place ce que tu me demandes.

LA FEMME. C'est simple : c'est seulement partager un repas avec moi, comme le Christ avec ses apôtres… Du lundi au vendredi, le soir…

L'HOMME. Mais ça va être très compliqué de faire ça, tu sais ?

LA FEMME. Tu te démerderas. Tu te sens coupable dans cette situation ? Réponds-moi !!

L'HOMME. Oui.

LA FEMME. Alors fais ça pour moi, c'est la seule chose que je te demande.

*Un temps.*

L'HOMME. Bon, je vais essayer ce que tu dis puisque je suis coupable… Quand est-ce que tu veux qu'on commence ?

LA FEMME. Demain.

L'HOMME. Demain ?

LA FEMME *(grave)*. Oui, à partir de demain et pour la vie…

*Elle sort. L'homme reste, immobile, dans le couloir.*
*Noir.*

— clés —

*Un couple est assis à table, ils semblent s'ennuyer. Une table nue. On entend des bruits de clés dans une serrure. Puis la porte d'entrée s'ouvrir et se refermer en grinçant.*

L'HOMME *(surpris et inquiet)*. La porte était ouverte ??

LA FEMME *(surprise et inquiète)*. Mais non !!

*On entend des pas.*

L'HOMME *(toujours inquiet)*. Ben quelqu'un est entré on dirait… C'est quoi cette histoire ?? Quelqu'un entre chez nous !! Avec les clés en plus… Je rêve ou quoi ?

*Un homme entre et s'avance vers le couple les clés à la main.*

L'HOMME AVEC LES CLÉS. Bonsoir Élisabeth.

LA FEMME. Bonsoir Constantin. *(À l'homme.)* C'est mon mari, c'est Constantin… *(Se reprenant.)* Enfin mon ex-mari, excuse-moi, pardon…

L'HOMME. Tu as repris contact avec lui ??

LA FEMME. Mais non.

L'HOMME. Ben si on dirait, non ??

LA FEMME. Mais non.

L'HOMME. Ce salopard est parti comme ça il y a dix ans sans donner la moindre nouvelle... Et là... "Bonsoir", comme si de rien n'était.

L'HOMME AVEC LES CLÉS *(s'arrêtant près de la table)*. Élisabeth.

LA FEMME. Oui Constantin.

L'HOMME AVEC LES CLÉS. Je voulais m'excuser. Il y a dix ans quand j'ai quitté la maison j'ai oublié de te dire quelque chose quelque chose d'important... que j'ai toujours regretté de pas t'avoir dit. *(Un temps.)* "Au revoir".

LA FEMME *(surprise)*. Merci... C'est gentil... d'y avoir pensé finalement. *(L'homme se retourne et s'en va.)* Au revoir Constantin.

*L'homme avec les clés se dirige vers la sortie.*

L'HOMME. Enfin mais je rêve là. C'est quoi cette histoire ?? Alors là moi je suis totalement sidéré !! Et il avait les clés en plus ?! Les clés de chez moi ??

LA FEMME. Ben oui... On dirait.

L'HOMME. Comment ça se fait ??

LA FEMME. Je sais pas... Enfin si ! C'était ses clés avant.

L'HOMME. Quoi ?

LA FEMME. Ben avant ici c'était chez lui, non ?!

L'HOMME. Mais c'est plus chez lui maintenant. Faut qu'il nous rende les clés quand même. Sinon il peut revenir quand ça lui chante ce type. En plus il est reparti avec !

LA FEMME. Oui. Il y a pas pensé.

L'HOMME. Il pense pas à grand-chose on dirait... Faut aller les lui réclamer... Et tout de suite.

*Un temps.*

LA FEMME. Tu sais. Faut le comprendre. Il a sans doute du mal à accepter de ne plus être chez lui ici.

L'HOMME. Quoi?? Enfin mais je rêve. Qu'est-ce que je dois comprendre?? Le type entre comme ça, comme chez lui, après dix ans. Et il repart avec les clés… de chez moi… Mais c'est fou. *(On entend la porte d'entrée se refermer.)* Il est parti là…

LA FEMME. De chez toi… Et un peu de chez lui aussi.

L'HOMME. Quoi??

LA FEMME. Dans sa tête… Je veux dire.

*On entend le bruit d'une serrure qu'on actionne. De très nombreux tours de clés. Longtemps. Le couple écoute, avec effroi.*
*Noir.*


— amour —


*Dans une école primaire. Une femme, la directrice, et un couple font les cent pas. Entre un homme, l'instituteur. Il serre la main au couple qui semble très froid.*

LA DIRECTRICE. Monsieur et Madame Védrani, Monsieur Jobert. Daniel, Monsieur et Madame Védrani ont désiré avoir un entretien avec nous au sujet d'Antoine évidemment. Je leur ai proposé qu'on se voie un instant tous les quatre.

L'INSTITUTEUR. Bien sûr.

LA FEMME *(visiblement très affectée)*. Notre fils est rentré très perturbé de la classe verte… Plus que ça même… On s'inquiète beaucoup… Et on aimerait vous entendre… pour comprendre un peu mieux la situation…

L'INSTITUTEUR *(fébrile)*. Je suis à votre disposition… Qu'est-ce qu'il se passe exactement?

LA FEMME. D'abord en rentrant Antoine n'a pas cessé de vomir et maintenant il reste apathique sur son lit, il pleure, il fait des cauchemars… Le médecin ne comprend pas.

L'HOMME. Pour lui notre enfant n'a rien.

L'INSTITUTEUR *(ému)*. C'est terrible.

LA FEMME. Aujourd'hui on attend beaucoup de vos explications.

L'HOMME. On aimerait comprendre ce qui a pu perturber ainsi notre fils.

LA FEMME. Aucun événement particulier n'a eu lieu pendant ce séjour? Monsieur?

L'INSTITUTEUR. Non. À part cette fameuse soirée dont je vous ai parlé à notre retour ainsi qu'à Madame la directrice.

LA DIRECTRICE *(ferme)*. Eh bien recommencez Daniel si ça ne vous dérange pas.

L'INSTITUTEUR. Un soir Antoine a été persécuté par ses camarades dans le dortoir pour je ne sais quelle raison précise. Dans la nuit il s'est réveillé, il avait fait pipi sur lui, il errait dans le couloir et ne voulait plus retourner dans le dortoir de peur que les autres le harcèlent à nouveau. Je l'ai rassuré et réconforté. Et le lendemain les choses sont parfaitement rentrées dans l'ordre.

LA FEMME. Notre fils dit qu'il a dormi dans votre lit cette nuit-là.

L'INSTITUTEUR *(surpris et déstabilisé)*. Qu'est-ce que vous racontez!! Je l'ai effectivement conduit dans ma chambre. Je l'ai changé car il était mouillé. Il pleurait, je l'ai réconforté et oui je l'ai allongé sur mon lit.

L'HOMME *(surpris)*. Monsieur vous avez couché notre fils dans votre lit??

LA DIRECTRICE *(très surprise)*. Vous n'aviez pas mentionné ce détail avec moi!!

L'INSTITUTEUR. Non! *(Aux parents.)* J'ai conduit votre fils dans ma chambre pour le changer, pour ne pas qu'il reste dans le couloir, pour ne pas le déshabiller dans le couloir dans les courants d'air… Comme je vous l'ai déjà dit, ma collègue était malade cette nuit-là et je n'ai pas osé la déranger… Je me suis débrouillé au mieux pour faire face à l'urgence de la situation.

LA DIRECTRICE. C'est maladroit d'avoir procédé de cette manière.

L'INSTITUTEUR. Sans doute, j'en prends conscience effectivement.

L'HOMME. Ça vous arrive souvent Monsieur, de prendre des enfants dans votre chambre??

L'INSTITUTEUR (*véhément*). Qu'est-ce que vous me racontez!! Non jamais, évidemment. C'était un cas particulier, j'ai dû faire face à une situation particulière... J'ai pris Antoine dans ma chambre le temps de changer ses vêtements, d'aller remplacer ses draps dans le dortoir et de le réconforter.

LA FEMME. Monsieur, s'il vous plaît, dites-nous précisément ce qui s'est passé dans cette chambre avec notre fils!

L'INSTITUTEUR. Quoi précisément? Antoine pleurait, il avait froid, il ne voulait plus retourner dans le dortoir avec les autres, il était effrayé, je l'ai conduit dans ma chambre, je suis allé chercher des vêtements secs. Je suis revenu, je l'ai changé et surtout je l'ai réconforté, je l'ai allongé sur mon lit, il tombait de sommeil. Il s'est endormi finalement. Alors je l'ai laissé dormir.

LA FEMME. Vous l'avez laissé dormir dans votre chambre??

LA DIRECTRICE. Quoi? Il a dormi dans votre chambre la nuit complète?

L'INSTITUTEUR. Oui. Je suis allé changer ses draps dans le dortoir et au petit matin, quand il s'est réveillé et qu'il était rassuré, je l'ai reconduit avec les autres pendant qu'eux dormaient... Ainsi ils ne se sont rendu compte de rien... Et voilà, le lendemain il était calme. Et l'incident avec les autres était oublié.

L'HOMME (*de plus en plus accusateur*). Tout à l'heure vous avez dit que vous n'aviez fait que le changer, pas qu'il avait dormi avec vous??

L'INSTITUTEUR. Il n'a pas dormi avec moi. Il a dormi dans ma chambre.

LA FEMME. Dans votre lit?

L'INSTITUTEUR. Évidemment sur mon lit.

L'HOMME. Et vous, vous avez dormi où?

L'INSTITUTEUR. Mais j'ai dormi par terre.

LA FEMME. Mais comment est-ce possible que mon enfant ait pu dormir dans votre chambre !!

L'INSTITUTEUR *(s'emportant)*. J'ai fait au mieux dans l'intérêt de votre enfant Madame. Vous auriez préféré que je laisse votre fils mouillé dans son pipi ?? Ou bien que je le change dans le dortoir devant ses camarades, que j'aurais forcément réveillés alors qu'il était devenu leur bouc émissaire, qu'il avait été humilié par eux la veille. On dirait que vous préféreriez que je vous dise que j'en ai rien à fiche de votre enfant… et que j'ai été indifférent à lui.

L'HOMME. Dites-nous si vous n'avez pas plutôt dormi dans le lit avec mon fils plutôt qu'à côté ?

L'INSTITUTEUR. Vous m'injuriez.

LA FEMME. Mais vous n'avez pas cessé depuis le début de revenir sur vos propos et de mentir.

L'INSTITUTEUR. Je n'ai pas menti, j'ai omis de vous dire certains détails et je le regrette, c'est mon erreur.

LA FEMME. Votre erreur surtout n'est-elle pas d'avoir eu des gestes déplacés sur mon fils Monsieur ?

L'INSTITUTEUR. Quels gestes déplacés ??

LA FEMME. Antoine nous a dit que vous l'aviez caressé !! Il a employé ce mot.

L'INSTITUTEUR *(complètement déstabilisé)*. Caressé ??

LA FEMME. Oui il nous a dit : "Non non Monsieur Jobert a été très gentil et il m'a bien caressé quand je pleurais."

L'INSTITUTEUR *(très ému, répliquant avec force)*. Mais ça va pas ?! Mais je n'ai certainement pas caressé votre enfant au sens où vous l'entendez. Je vous ai déjà dit qu'il pleurait et je l'ai consolé et oui je lui ai sans doute caressé la tête, les cheveux… Peut-être… Pour le calmer je vous ai dit déjà qu'il était en pleine terreur et confusion à cause du cauchemar, du pipi au lit et du rapport violent avec ses camarades. Moi j'en peux plus, j'arrête de parler avec ces gens…

LA FEMME. Eh bien moi Monsieur, je n'ai pas envie que vous arrêtiez, j'ai besoin de savoir quel rapport vous avez eu avec mon enfant cette nuit-là et même quel rapport vous entretenez en général avec lui.

L'INSTITUTEUR. Quel rapport?

LA FEMME. Oui, puisque selon vous tout est parfaitement adapté dans votre attitude avec lui, définissez la relation que vous avez avec mon fils Monsieur, avec vos mots...

L'INSTITUTEUR. Mais c'est un procès que vous me faites.

LA DIRECTRICE (*avec force, à l'instituteur*). Ce sont des parents!! Ils ont des doutes ils veulent vous entendre et je ne peux pas les blâmer après tout ce que je viens d'apprendre que j'ignorais.

*Un temps.*

L'INSTITUTEUR (*s'approchant très près de la femme, fragile et très déterminé en même temps*). Antoine est un enfant particulier, plus délicat et sensible que les autres, plus fragile donc et j'ai une attention particulière à lui... Voilà j'aime les rapports que nous avons l'un avec l'autre, il est éveillé, intelligent et quand on discute je prends du plaisir... Voilà c'est pour ça que je fais ce métier aussi, pour le plaisir et pour l'échange en l'occurrence avec des enfants... Oui j'ai une affection pour votre enfant et je n'en ai pas honte, il n'y a aucun mal à ça, aucun mal à avoir des préférences dans la vie et j'en ai une pour Antoine... Mais je sais faire la part des choses Madame, je suis un professionnel... Je fais mon métier par amour si vous voulez savoir et non pas comme un fonctionnaire, si je fais ce métier c'est que j'aime les enfants... Et j'aime votre enfant si vous voulez savoir. J'ai même de l'amour pour lui et je n'en ai pas honte.

L'HOMME (*interloqué*). Quoi??

LA FEMME (*interloquée*). Vous aimez mon enfant?? Mais c'est insupportable d'entendre ça!!

L'INSTITUTEUR (*de plus en plus ému et déterminé*). Oui Madame, je n'ai pas honte du mot amour. J'aime Antoine. Et ce mot n'a certainement pas pour moi la signification que vous lui prêtez quand vous me regardez comme ça... C'est pourquoi je n'ai pas honte de ce mot… Cette nuit-là j'ai fait mon travail, je n'ai fait que mon travail mais en faisant mon travail j'ai aussi agi avec amour et par amour pour votre fils… C'était mon devoir rapport à sa souffrance… Mais j'ai aussi agi par affection et par amour pour lui.

L'HOMME. Alors là c'est très très grave!!

LA DIRECTRICE *(interloquée)*. Qu'est-ce que vous dites Daniel??

LA FEMME. Vous avez dit quoi??

L'HOMME. Vous aimez mon fils Monsieur??

L'INSTITUTEUR. Et j'en suis fier et je n'ai pas honte de le dire et aucunement l'intention de me cacher.

LA FEMME. Nous allons porter plainte!!

L'HOMME. Vous avez des enfants Monsieur??

L'INSTITUTEUR *(explosant)*. Oui Monsieur. J'en ai vingt-cinq des enfants, tous les jours depuis dix ans. Des enfants à qui j'essaie de donner le maximum c'est-à-dire du temps, de l'attention mais aussi de l'amour de l'affection. À qui j'essaie de transmettre les valeurs de l'amour. Et quand y en a un qui va mal, et ça arrive souvent, j'essaie de l'aider, de le soutenir, j'agis avec mon cœur et non pas comme un fonctionnaire en fonction d'un règlement… Et c'est ça que vous me reprochez?? D'avoir agi avec mon cœur et avec amour avec votre enfant??

LA FEMME. Arrêtez de parler d'amour, de prononcer ce mot d'amour, c'est insupportable.

L'INSTITUTEUR. Vous êtes des abrutis et je vous le dis bien en face.

LA FEMME. Mais ça va pas?

*L'homme se jette sur l'instituteur, qui esquive et recule. La femme tente de contenir son mari.*

LA DIRECTRICE. Arrêtez Daniel, arrêtez!!

L'INSTITUTEUR. Et vous devriez davantage vous interroger vous-mêmes sur les raisons du mal-être de votre enfant en ce moment.

LA DIRECTRICE. Arrêtez Daniel!!

L'INSTITUTEUR. Non je m'arrêterai pas, ce monde croule sous le désamour et ce sont des abrutis pareils qui donnent des leçons aux autres et qui nous envoient tous à la catastrophe.

LA FEMME *(essayant de retenir son mari, fou de rage)*. Notre fils est tombé en dépression à cause d'un criminel… Il a été abusé et on se fait insulter… J'espère que vous allez pourrir, crever en prison Monsieur.

L'INSTITUTEUR. Vous savez quoi? Je vais vous dire moi de quoi votre fils manque le plus cruellement à mon avis et bien qu'on lui dise qu'on l'aime! Que vous lui disiez que vous l'aimez! Vous pensez le protéger en m'accablant comme ça. Vous êtes très fiers de vous, vous vous sentez légitimes en tant que parents!! Vous savez ce dont Antoine souffre le plus à mon avis? C'est que ses parents soient incapables de lui exprimer de l'amour…

LA DIRECTRICE *(essayant, elle aussi, de contenir la colère de l'homme)*. Taisez-vous Daniel.

L'INSTITUTEUR. … Soient incapables de lui dire qu'ils l'aiment! Et que ce soit son instituteur qui soit obligé de se substituer à eux alors que ce n'est pas son rôle! Voilà le véritable problème de votre fils aujourd'hui et plutôt que de regarder ce problème en face et de le traiter parce que ça vous fait peur, vous vous acharnez sur moi…

L'HOMME. On va vous casser Monsieur, faites-moi confiance on va vous détruire pour que vous ne puissiez plus jamais nuire à personne.

L'INSTITUTEUR. Allez-y je me sens prêt.

*Le couple sort.*
*Noir.*

— attente —

*Dans un appartement, la nuit. Un homme avance dans un long couloir qui mène à un petit salon. Une femme qui se tient debout près d'un fauteuil l'attend.*

L'HOMME. Bonsoir.

LA FEMME. Bonsoir.

L'HOMME. Je vous dérange peut-être... ??

LA FEMME. Non non.

L'HOMME. J'ai vu de la lumière sous votre porte. J'ai compris que vous n'étiez pas couchée.

LA FEMME. Oui... Venez.

L'HOMME. Ma femme n'est toujours pas rentrée... Je me suis dit que je n'allais pas réussir à dormir... Moi non plus...

LA FEMME. Ah oui...? Vous avez bien fait. Mon mari n'est pas rentré lui non plus.

L'HOMME. Je sais oui... À vrai dire... Je guette chaque bruit dans l'escalier depuis plus de deux heures et je n'ai pas entendu rentrer votre mari...

LA FEMME. Votre femme ne vous a pas téléphoné?

L'HOMME. Non.

LA FEMME. Mon mari ne m'a pas téléphoné non plus...

*La femme s'assoit dans un des fauteuils du salon, l'homme fait de même.*

L'HOMME *(après un temps)*. Vous étiez occupée à quelque chose?

LA FEMME. Non, je n'étais occupée à rien. *(On perçoit des bruits venant de l'escalier. Se levant brusquement.)* On dirait que quelqu'un monte l'escalier.

L'HOMME *(se levant)*. Oui, c'est quelqu'un.

LA FEMME. Quelle heure est-il... ?? C'est une femme?

L'HOMME. Oui. *(On perçoit le son d'une porte qu'on referme à l'étage du dessous. Déçu.)* Non, c'est au quatrième.

*Les deux se rassoient visiblement déçus.*

LA FEMME. L'autre soir on en a ri, vous vous souvenez ??

L'HOMME. Oui, on a ri. Mais ce n'était pas vraiment gai.

LA FEMME. Non, c'est vrai… Quand même c'est drôle.

L'HOMME. Oui… Il y a quelques mois on ne se connaissait pas, on se croisait quelquefois sur le palier… Et aujourd'hui on passe nos soirées ensemble.

*On entend un bruit dans l'escalier. Ils se redressent brusquement, se concentrent pour discerner l'origine du bruit. Un temps. On n'entend plus rien. Ils se rassoient, visiblement déçus.*

LA FEMME *(après un temps).* Mon mari et moi nous avons une confiance l'un dans l'autre qui est infinie… Si nous nous sommes mariés c'est parce que nous nous sommes reconnus exactement comme si nous avions trouvé chez l'autre un morceau de nous-mêmes qui nous manquait… Il est indispensable à ma vie, tout comme moi je le suis à la sienne… C'est l'homme de ma vie… C'est l'homme qui va remplir ma vie jusqu'à ma mort… Je vais vous avouer un secret : nous venons de décider de faire un enfant. Notre décision est prise et nous déménagerons certainement prochainement.

L'HOMME. C'est formidable.

*Un temps.*

LA FEMME. Il est déjà 2 heures ça y est, je crois. *(Au bord des larmes, amère.)* Je suis fatiguée… J'en ai marre… Je vais avoir une tête affreuse demain en me réveillant.

L'HOMME. Ne vous inquiétez pas, je trouve que vous êtes plutôt jolie… même fatiguée… Ce n'est pas la première fois que je le remarque. *(Un petit temps.)* J'ai dit "plutôt jolie" pour ne pas vous gêner… Mais je pense "très jolie", je m'excuse.

LA FEMME. Ça n'a aucune importance.

*Un petit temps.*

L'HOMME. Avec ma femme nous avons décidé de ne pas faire d'enfant, nous pensons que les enfants ne sont pas forcément indispensables à la vie de notre couple…

LA FEMME. Vous voulez que nous mettions de la musique ??

L'HOMME. Peut-être que ce serait bien que je rentre chez moi, il est tard.

LA FEMME. Nous ne faisons pas de mal.

L'HOMME. Non évidemment…

*On perçoit des bruits de pas venant de l'escalier.*

LA FEMME *(se relevant vivement).* Ah j'entends des pas dans l'escalier. *(Un petit temps.)* J'ai entendu une voix.

L'HOMME *(se levant).* On dirait la voix de votre mari.

LA FEMME. Oui, mais il y a deux personnes… C'est peut-être le couple du troisième.

L'HOMME. Oui mais là j'ai l'impression qu'ils ont dépassé le troisième étage.

LA FEMME *(avec un sourire).* Il n'y a que cinq étages, ça ne peut être que pour nous cette fois…!! *(On perçoit plus nettement le murmure des voix, qui semblent provenir maintenant du palier de l'appartement. Visiblement étonnée.)* C'est votre femme accompagnée de mon mari.

L'HOMME *(étonné).* Oui, c'est étonnant… *(Un petit temps.)* Ils ont dû se rencontrer en bas, devant l'entrée ou bien au parking. Ils murmurent, ils ont peur de nous déranger ou de nous réveiller… C'est drôle, je devrais partir peut-être.

LA FEMME. Ce serait peut-être bizarre que vous sortiez maintenant, non? Alors qu'ils sont là sur le palier…

L'HOMME. Comme si nous avions quelque chose à nous reprocher?

LA FEMME. Oui peut-être… *(Écoutant.)* Je n'entends plus leurs voix.

L'HOMME. Excusez-moi, j'aimerais bien ne pas laisser penser à ma femme que j'étais en train de l'attendre fébrilement… Nous pourrions dire que vous m'avez demandé un service, que je suis venu chez vous, qu'ensuite nous avons discuté et que nous n'avons pas vu le temps passer.

LA FEMME. Oui, c'est bien mais quelque chose sans ambiguïté.

L'HOMME. Oui bien sûr, pourquoi est-ce qu'il y en aurait??

LA FEMME. Non bien sûr…

*Provenant du palier on entend des bruits de respiration qui vont en s'amplifiant, puis des gémissements, des murmures de plaisir, plus ou moins contenus. L'homme et la femme écoutent. Leurs visages se décomposent.*
*Un long temps.*

L'HOMME *(défait)*. Ou bien alors, créer un peu d'ambiguïté ne serait pas mal venu??

LA FEMME *(défaite)*. Créer de la jalousie, de façon artificielle pour inquiéter mon mari et votre femme, je n'aime pas jouer avec ces choses-là.

L'HOMME *(se rasseyant sur le fauteuil)*. Moi non plus je déteste ce comportement chez les autres… Je ne me suis jamais comporté comme ça avec ma femme. Ce sont des jeux pervers et malsains.

LA FEMME *(se rasseyant)*. Oui, tout à fait.

L'HOMME. Ma femme et moi nous nous sommes promis de ne pas nous laisser aller à la médiocrité comme la plupart des gens…

LA FEMME. Ce n'est pas une fatalité. Je suis d'accord. En amour la confiance et l'élégance sont essentielles.

L'HOMME. On ne peut pas transiger avec l'amour il est entier, éternel, absolu ou bien il n'est pas…

LA FEMME. Exactement. *(Les gémissements provenant du palier s'amplifient encore. Se levant.)* Je pensais mettre un peu de musique… Qu'est-ce que vous en dites??

L'HOMME. Oui bien sûr, allez-y.

*La femme met de la musique, très fort. La musique couvre un peu les gémissements provenant du palier.*

LA FEMME *(lyrique, haussant la voix pour couvrir celles du palier)*. C'est surtout à l'intérieur qu'il faut rester grand… Il faut savoir rester fidèle à soi-même, rien de grave ne pourra nous arriver si on garde en soi sa croyance.

L'HOMME *(lyrique, fort).* Je suis entièrement d'accord avec vous, c'est exactement comme ça que je vois les choses.

LA FEMME. Nous sommes proches finalement vous et moi.

L'HOMME. Oui c'est extraordinaire, je le ressens aussi.

LA FEMME. Et c'est bien agréable… de se comprendre comme ça.

*Entre Celui ou Celle qui chante. Sur une musique mélancolique. Il/ Elle se met à chanter des mots inventés dans une langue improvisée, avec une voix étrange. Les "sons amoureux" du palier s'éloignent peu à peu. L'homme et la femme se regardent, puis se lèvent, se rapprochent l'un de l'autre, s'enlacent et se mettent à danser.*
*Noir.*

— guerre —

*Un homme est assis. Son fils, en uniforme de soldat, se tient debout derrière lui.*

LA FEMME *(entrant, affolée).* Qu'est-ce qui se passe? C'est vrai ce que ton fils vient de m'apprendre?

L'HOMME. Sans doute. Je ne vois pas pourquoi il te mentirait.

LA FEMME. Tu étais au courant, toi??

L'HOMME. Oui.

LA FEMME. Pourquoi tu ne m'as rien dit à moi??

L'HOMME. Je voulais qu'il te parle directement??

LA FEMME. Et tu ne l'as pas empêché??

L'HOMME. Non.

LA FEMME. Mais tu vas l'empêcher?

L'HOMME. Pourquoi je l'empêcherais? C'est un homme.

LA FEMME. C'est un enfant.

L'HOMME. Et je suis fier de lui.

LA FEMME. Tu es fier qu'il aille se faire tuer?? Ton fils?

L'HOMME. Oui, je suis fier de son courage et de sa volonté. Il a décidé d'engager sa vie pour sauver la vie d'autres gens, des gens comme toi et moi, au bout du monde.

LA FEMME. Il ne se rend pas compte de ce qu'il fait il est trop jeune… C'est dangereux, il va se faire tuer.

L'HOMME. Je mesure le danger et j'ai peur moi aussi.

LA FEMME. Quoi??

L'HOMME. À quoi ça sert de se mentir. Il sait ce qui l'attend. Si quelque chose devait arriver je serais fou de douleur mais je serais fier aussi, certainement.

LA FEMME. Fier que ton enfant meure? Jamais j'aurais pu imaginer que j'entendrais des mots pareils sortir de la bouche du père de mon enfant.

L'HOMME. C'est une guerre. Il y a forcément des enfants de parents comme nous qui doivent mourir.

LA FEMME. C'est écœurant ce que tu dis, cette guerre ne le concerne pas.

L'HOMME. Elle nous concerne tous elle le concerne lui aussi… C'est une guerre essentielle et nécessaire malheureusement. Je suis triste que tu ne comprennes pas.

LA FEMME. Qu'est-ce qui se passe? Qu'est-ce que tu as fait?

L'HOMME. Moi je n'ai rien fait c'est notre fils qui a tout fait, il a pris sa vie en main on dirait.

LA FEMME. Empêche-le! Interdis-lui d'aller mourir.

L'HOMME. Non c'est sa décision. Il est responsable de sa vie maintenant.

LA FEMME. Jamais rien ne nous avait séparés ni même opposés, aucune décision, jamais aucune discorde, rien et là d'un coup tout ça?? C'est pas possible…!! Tu dois protéger notre enfant parce qu'il est le fruit de notre amour.

L'HOMME. Excuse-moi, on ne peut pas rester enfermés toute notre vie dans notre petit amour. Regarde notre fils, lui il ressent la nécessité de voir plus loin et plus grand.

LA FEMME. Quelle horreur!!

L'HOMME. Il a le souci des autres dont la souffrance lui est insupportable, ça aussi c'est l'amour.

LA FEMME. Tu trouves que notre amour à nous est devenu trop petit c'est ça??

L'HOMME. Je ne répondrai pas tellement c'est bête.

LA FEMME. Depuis quand est-ce que tu ne m'aimes plus?

L'HOMME. Tu dis n'importe quoi.

LA FEMME. Réponds-moi au lieu de te cacher derrière tes grands discours et cette guerre... Tu sais très bien qu'en laissant partir notre fils tu nous détruiras... Mais tu le fais quand même!! Finissons là nous deux alors, mais épargne-le, lui, je t'en supplie.

L'HOMME. Je ne veux pas en finir avec nous.

LA FEMME. C'est la seule explication logique à tout ce que tu dis. Tu es prêt à le voir mourir alors que c'est de nous dont tu veux te débarrasser.

L'HOMME. Je ne veux pas que mon fils meure et je ne veux pas en finir avec nous.

LA FEMME. Tu mens. Si tu ne fais rien pour sauver notre enfant, tu me perdras à jamais. Tu le sais bien pourtant.

L'HOMME. C'est ça tes armes à toi?

LA FEMME. Oui c'est la guerre entre nous on dirait.

L'HOMME. Tu mets en rapport notre amour et la vie de notre enfant?? Tu es odieuse.

LA FEMME. Non, c'est la guerre qui est comme ça, qui est sale comme ça. Toi tu combats en traître, tu avances masqué... Tu masques ton désamour de moi sous des grands principes et des idéaux... Épargne mon enfant.

L'HOMME. C'est trop tard.

LA FEMME. Trop tard?

L'HOMME… Je suis désolé excuse-moi, pour moi aujourd'hui il y a plus important et plus urgent que cette idée de l'amour que tu défends…

*L'homme sort en silence. Son fils le suit, sans un regard pour sa mère. Noir.*

— enfants —

*Un couloir dans un appartement. Une femme, en habit de nourrice, le regard tourné vers la porte d'entrée. On entend des bruits de clés dans la serrure. Entre une femme, suivie d'un homme.*

LA FEMME *(entrant)*. Bonsoir.

LA NOURRICE. Bonsoir Madame.

LA FEMME. Ça a été? Pas trop compliquée la soirée?

*Elle va en direction des chambres.*

LA NOURRICE *(visiblement mal à l'aise)*. Non, très bien.

L'HOMME *(entrant)*. Bonsoir Madame.

LA NOURRICE. Bonsoir Monsieur.

L'HOMME *(s'arrêtant près de la nourrice)*. Ça va? Ça a été?

LA NOURRICE *(mal à l'aise)*. Oui oui.

L'HOMME. Tout s'est bien passé au moment du repas?

LA NOURRICE *(mal à l'aise)*. Oui… Très bien.

L'HOMME. Ils étaient pas trop agités?

LA NOURRICE. Non non.

L'HOMME. Ils sont un peu agités, hein ?

*La nourrice ne répond pas.*
*La femme revient.*

LA FEMME *(l'air affolé)*. Où sont les enfants ??

LA NOURRICE *(surprise)*. Comment ?

LA FEMME. Où sont les enfants ?? À cette heure-là !

L'HOMME *(regardant la femme, incrédule)*. Qu'est-ce que tu racontes ??

LA FEMME. Les enfants ne sont pas dans les chambres, je vous demande où sont les enfants ?

LA NOURRICE *(visiblement effrayée)*. Je comprends pas.

L'HOMME. Qu'est-ce que vous racontez ?? Y sont pas dans notre chambre ??

*Il sort.*

LA FEMME *(de plus en plus affolée)*. Madame je vous demande où est-ce que vous avez mis nos enfants ??

LA NOURRICE. Et moi je vous dis, je comprends pas ce que vous dites.

*Elle a un rire nerveux involontairement inquiétant.*

LA FEMME *(réalisant)*. Elle est dingue cette femme… *(À l'homme revenant.)* Dans la salle de bains, les toilettes, va voir. *(L'homme sort en courant. À la nourrice.)* Je vous demande de nous répondre ! Vous avez fait quoi avec nos enfants ? Où sont-ils ?? Répondez !!

LA NOURRICE. Je comprends rien.

LA FEMME. Mais qu'est-ce qui se passe ? Dites-nous ce qu'il se passe s'il vous plaît !!

LA NOURRICE *(effrayée, riant de plus en plus nerveusement)*. Arrêtez s'il vous plaît… Arrêtez-vous !

L'HOMME *(revenant)*. Non ils y sont pas !! Qu'est-ce qui se passe ?? C'est quoi ce cauchemar !

LA FEMME *(à son mari).* Elle est complètement folle!

L'HOMME *(à la nourrice).* Si vous ne répondez pas immédiate-ment, je vous préviens, je vais devenir violent… Dites-nous ce qui se passe avec nos enfants!

LA NOURRICE. Y a pas d'enfants.

LA FEMME *(de plus en plus paniquée).* Je veux pas qu'il leur soit arrivé du mal.

L'HOMME. Calme-toi.

LA FEMME *(criant).* Appelle la police!!

L'HOMME *(à la nourrice).* Expliquez-nous ce qui se passe, merde!!

LA NOURRICE. Je comprends rien.

L'HOMME *(hurlant).* Je veux que vous nous disiez ce que vous avez fait de mes enfants!!

LA NOURRICE. Il n'y avait pas d'enfants…

LA FEMME. Appelle.

L'HOMME. J'appelle.

*Il sort son téléphone et compose un numéro.*

LA FEMME. Putaindeputaindeputaindeputaindeputain-deputaindeputaindeputaindeputain!

L'HOMME *(au téléphone).* Bonsoir Monsieur. Nous sommes sortis et on a confié nos enfants à une nourrice spécialisée. On vient de ren-trer, les enfants sont introuvables et la nourrice refuse de répondre, elle répond de manière incohérente… Mais non Monsieur, je vous dis qu'il n'y a pas d'autres explications à la situation, cette femme nous donne aucune explication.

LA NOURRICE. C'est complètement absurde, je veux rentrer chez moi.

LA FEMME *(menaçante, à la nourrice).* Vous êtes complètement folle… S'il est arrivé quoi que ce soit à mes enfants je vous tue.

L'HOMME *(au téléphone).* 15 avenue de la Séparation, 7ᵉ étage face ascenseur.

Il raccroche.

LA FEMME *(à l'homme).* Il est arrivé malheur à nos enfants!! Mon amour! Il est arrivé malheur à nos enfants!!

L'HOMME. Mais non.

LA FEMME. Pourquoi pourquoi pourquoi pourquoi pourquoi?? Dis-moi!

L'HOMME *(essayant de calmer la femme).* Arrête!! On va trouver la bonne explication, on va les retrouver et vite. *(À la nourrice, menaçant, de plus en plus agité.)* Hein…?? Vous leur avez pas fait de mal, hein?? Dites-moi…? Vous n'avez pas fait de mal à nos enfants…?? Vous aimez les enfants n'est-ce pas?? Vous avez des problèmes de santé?? Vous suivez un traitement particulier?? *(Se reprenant, asseyant de force la nourrice en face de lui.)* Maintenant on va se calmer et vous allez nous expliquer tranquillement les choses. Vous allez nous raconter… ce qui s'est passé ce soir… Allez!!

LA NOURRICE. Il ne s'est rien passé. J'ai attendu que vous rentriez, j'étais mal à l'aise et c'est tout.

L'HOMME. Pourquoi vous étiez mal à l'aise?

LA NOURRICE. Parce que je n'aurais pas dû accepter de faire ce que vous m'avez demandé.

L'HOMME. C'est-à-dire?

LA NOURRICE. De garder des enfants alors qu'il n'y avait pas d'enfants.

L'HOMME. Il n'y avait pas d'enfants??

LA FEMME *(pleurant).* Comment est-ce que tu peux rester aussi calme??

LA NOURRICE. Non vous n'avez pas d'enfants… et vous le savez très bien.

LA FEMME *(violemment, à la nourrice)*. La police va arriver, vous allez devoir vous expliquer, espèce de cinglée!!

L'HOMME *(à la femme)*. Calme-toi.

LA FEMME. On est en train de perdre du temps là… Tu te rends pas compte que nos enfants sont quelque part dans la nature et qu'on est là à rien foutre…

L'HOMME *(explosant, à la femme)*. T'as une autre solution?? Tu veux faire quoi?? Tu veux descendre…? Courir comme un lapin dans les rues, dans toute la ville?? Qui te dit qu'ils sont pas déjà loin? Ou bien tout près de nous, là…? On doit essayer de comprendre ce qu'elle a dans la tête cette bonne femme… Pour en déduire ce qu'elle a fait… Alors aide-moi un peu s'il te plaît…

LA FEMME. La police va arriver… de toute façon…

L'HOMME *(reprenant son calme, à la nourrice)*. Vous dites qu'on n'a pas d'enfants??

LA NOURRICE. Non.

L'HOMME. Et pourquoi on vous les aurait confiés ce soir et demandé de les garder??

LA NOURRICE. Parce que vous faites comme si!

L'HOMME. Ah bon?

LA NOURRICE. Oui… Parce que vous en avez besoin, vous m'avez dit!!

L'HOMME. Ah bon?

LA NOURRICE. Oui, vous avez besoin de faire comme si. J'ai hésité à rester quand j'ai su la situation… Mais finalement j'ai accepté de rester! J'ai besoin d'argent…

L'HOMME. Mais pourquoi on ferait ça?

LA NOURRICE. Vous m'avez dit que vous aviez besoin de faire ça.

L'HOMME. Je vous ai raconté tout ça… Moi??

LA FEMME. J'en peux plus de l'écouter... Qu'est-ce qui foutent les flics??

LA NOURRICE (poursuivant, à l'homme). Et en partant, après m'avoir raconté tout ça, quand on était à la porte, moi mal à l'aise, en souriant avec un drôle de regard vous m'avez dit "prenez vraiment bien soin de nos enfants"... J'ai dit OK d'accord... Je vous le demande "résolument"!! Vous m'avez dit ça "résolument"... Nos enfants sont vraiment essentiels pour nous... Faites en sorte qu'il ne leur arrive rien... J'ai répondu que j'allais faire tout mon possible... J'étais très mal.

L'HOMME. Résolument? J'ai dit ça?

LA NOURRICE. Oui résolument!!

LA FEMME. Elle est démente, j'ai très très peur, Franck.

L'HOMME. Madame s'il vous plaît, en fait ça sert à rien de discuter avec vous, vous êtes folle... Je vous en supplie, c'est tout... Rendez-les-nous sains et saufs, rendez-les-nous vivants s'il vous plaît, je vous en supplie.

LA NOURRICE. J'en ai pas les moyens.

LA FEMME (calmée). Vous êtes une bonne personne dans le fond, vous êtes peut-être maman vous aussi, non? Peu importe ce qui vous a poussée à agir, dites-nous où ils sont et s'ils vont bien.

On entend des coups sur la porte, des voix : "police ouvrez"...

LA FEMME. C'est la police...!

L'HOMME (comme tentant une dernière négociation). Alors voilà, faites un effort Madame, dites-nous les choses... Ayez pitié, tout simplement...... Nos enfants c'est ce qu'il y a de plus cher et précieux Madame dans notre vie...

Coups à la porte. Voix : "police ouvrez"!

L'HOMME ET LA FEMME (suppliants, entremêlant progressivement leur voix). Si vous nous retirez nos enfants, notre vie s'arrêtera. On n'existera plus. Notre histoire perdrait tout son sens, tout s'effondrerait. Notre vie n'aurait plus aucune réalité, justification et nous finirions par nous perdre l'un l'autre. Nous éloigner d'abord puis nous perdre intégralement, totalement ensuite. Notre histoire, tombera d'elle-même peu à peu comme de la poussière. Car dans le fond on doit vous avouer, nous n'avons rien à nous dire de vraiment important, rien à partager... Rien en commun vraiment. Rien à faire ensemble d'important, de vraiment nécessaire et crucial sans nos enfants. Et alors on deviendra comme deux étrangers, deux fantômes l'un à l'autre et ça nous ne le voulons pas... Non, nous le craignons comme la mort... Nous ne voulons pas perdre notre couple... C'est ce qui nous tient en vie notre couple. Vous savez un couple c'est comme un être vivant. Ça tient lieu de vie un couple, c'est un repère essentiel, comme un phare qui illumine la vie, notre vie. Un couple c'est aussi une lumière qui prévient les autres de votre, notre existence. C'est ce que nous a expliqué le psychothérapeute que nous allons voir. Notre couple s'est construit sur nos enfants... Alors sans enfants nous disparaissons, nous n'avons pas d'identité par nous-mêmes, zéro identité... Alors?? Vous n'avez pas pitié de nous maintenant?? S'il vous plaît. Répondez. Rendez-nous nos enfants, rendez-les-nous!!

*La nourrice reste silencieuse.*

L'HOMME. Attention, on va aller ouvrir la porte... Et la police va entrer... Si vous persistez dans votre silence...

*Un temps. La nourrice ne réagit pas. On entend sur le palier la police qui se retire. Silence... la femme s'éloigne de quelques pas et se couche sur le sol.*

LA NOURRICE *(à l'homme effondré, doucement).* Bon ben, je vais vous laisser peut-être... maintenant. Est-ce que malgré tout vous pourriez me payer...?? Je suis désolée, j'en ai besoin en ce moment...

L'HOMME. Bien sûr. *(À sa femme.)* Tu as de l'argent toi? Liquide?

LA FEMME *(toujours au sol).* Va te faire foutre connard.

L'HOMME. Bien sûr. *(Il sort son portefeuille, en retire des billets.)* Tenez.

LA NOURRICE *(prenant les billets).* Merci.

L'HOMME. Merci. Désolé.

LA NOURRICE. Et moi je suis désolée... pour vous... Au revoir.

L'HOMME. Au revoir.

*La nourrice sort. On entend la porte se refermer.*
*Noir.*

— mémoire —

*Une allée dans le parc d'un hôpital. Un homme semble attendre une*
*femme qui hésite à suivre.*

L'HOMME. Viens, on va marcher un petit peu Cécile.

LA FEMME. Pourquoi?

L'HOMME *(visiblement nerveux, faisant des efforts pour garder un*
*ton modéré)*. Parce que c'est l'heure de marcher, de se promener un
peu… Comme tous les jours, et puis parce que c'est l'heure, voilà.

*Il se met à marcher.*

LA FEMME *(finissant par le suivre)*. Ah bon, ON marche tous les
jours?

L'HOMME. Oui.

LA FEMME. Ah bon?

L'HOMME *(essayant de contenir son irritation)*. Tu ne veux pas marcher aujourd'hui??

LA FEMME. Si si… Comme tous les jours?

L'HOMME. Quasiment.

LA FEMME. Et ensemble?

L'HOMME. Absolument.

LA FEMME. Ah bon. Je me souviens pas de vous… Vous êtes qui
en fait?

L'HOMME *(calmement, désabusé)*. Je suis ton mari.

LA FEMME. Mon mari?

L'HOMME. Oui.

70

LA FEMME. On est mariés??

L'HOMME. Absolument.

LA FEMME. Ah bon? Eh ben…!! On est mariés?! Vous et moi!?

L'HOMME. Absolument.

LA FEMME. Depuis combien de temps?

L'HOMME. Dix-sept ans.

LA FEMME. C'est vieux…?? Je veux dire dans la durée?

L'HOMME. Oui assez.

LA FEMME *(essayant de réaliser)*. Vous êtes mon mari!? Vous vous appelez comment?

L'HOMME. Serge!

LA FEMME *(surprise et riant)*. Serge??

L'HOMME *(un peu vexé)*. Tu peux me tutoyer en fait!!

LA FEMME. Évidemment si on est mariés. C'est étonnant, vraiment…

L'HOMME. Oui je sais.

LA FEMME. Je suis votre femme en fait?

L'HOMME. Ben oui.

LA FEMME. Je suis ta femme, c'est drôle ça… Tu fais quoi dans la vie…??

L'HOMME. Je vends des voitures.

LA FEMME. C'est un métier?

L'HOMME *(ayant du mal à contenir son irritation)*. Oui, c'est un métier.

LA FEMME. Et on vit ensemble?

L'HOMME. Non on ne vit plus ensemble… Tu vis ici toi…

LA FEMME. En fait on est séparés?

L'HOMME. Oui et non. Tu es hospitalisée… Depuis deux ans.

LA FEMME. Merde alors!!

L'HOMME. Oui.

LA FEMME. Qu'est-ce qui m'est arrivé??

L'HOMME *(s'arrêtant)*. Oh non, pas cette histoire à nouveau, s'il te plaît.

*Il reprend sa marche.*

LA FEMME *(déçue, suivant l'homme)*. Ah bon!? Ça me semblait important mais bon… En tout cas, je dois plus avoir énormément de mémoire. J'en reviens pas que je sois mariée avec vous… Ça veut dire qu'on est amoureux?? Ou qu'on l'a été sans doute…!! C'est drôle.

L'HOMME. Qu'est-ce qui est drôle?

LA FEMME. Ben cette idée!! Je vous ai déjà posé toutes ces questions on dirait?

L'HOMME. À peu près tous les jours.

LA FEMME. Je vous pose des questions tous les jours?

L'HOMME. Oui à peu près, à cette même heure, c'est l'heure où je passe te voir… C'est le plus pratique pour moi… Alors on marche… comme ça et tu me poses des questions… Souvent en premier c'est : "mais qui vous êtes?", et hop après c'est parti…

LA FEMME. C'est agaçant… Je n'ai aucun souvenir de tout ça…

L'HOMME. Non aucun… C'est agaçant. Mais c'est pas grave… Il y a des vies encore plus compliquées que la nôtre… Faut pas se plaindre…

LA FEMME. Non mais c'est ennuyeux…? Tout le monde n'est pas comme ça visiblement. On a des enfants?

L'HOMME. Deux.

LA FEMME *(très étonnée)*. Ah bon?? Ils ont quel âge?

L'HOMME. Treize et dix-sept.

LA FEMME. Fille ou garçon ?

L'HOMME. Les deux.

LA FEMME. Et ils s'appellent ?

L'HOMME. Antoine et Marie-Ève.

LA FEMME *(s'arrêtant)*. Ah bon ??

L'HOMME *(sèchement, continuant à marcher)*. Quoi ? Tu n'aimes pas leurs prénoms aujourd'hui ??

LA FEMME. J'ai pas dit ça… *(Très émue.)* J'ai des enfants… ??

L'HOMME. Oui tu as des enfants, on a des enfants.

LA FEMME *(au bord des larmes)*. Mais comment c'est possible ça !? *(Rattrapant l'homme.)* Pourquoi est-ce qu'ils ne viennent pas me voir ??

L'HOMME. Mais si, ils viennent te voir… Bien sûr. Principalement le week-end… Ils sont venus il y a deux jours.

LA FEMME. Il y a deux jours ?

L'HOMME. Ils t'aiment beaucoup rassure-toi.

LA FEMME. Ah bon ? Et moi ?? Je les aime aussi ?

L'HOMME. Oui bien sûr !! Beaucoup. Évidemment.

LA FEMME. J'ai vraiment hâte de les rencontrer. *(Un petit temps.)* Vous m'aimez vous aussi ?

L'HOMME. Oui, absolument.

LA FEMME. En fait moi je ne suis pas encore certaine d'être amoureuse de vous… Ça me paraît très rapide tout ça…

L'HOMME. Je sais, ne t'inquiète pas.

LA FEMME. C'est gênant quand même pour des gens mariés de pas être sûrs de s'aimer, vous trouvez pas ??

L'HOMME *(sur un ton détaché)*. Non non, c'est pas grave.

LA FEMME. Ah bon ?

L'HOMME *(désabusé)*. Je m'en fous.

LA FEMME. Ah bon ??

L'HOMME *(s'arrêtant brusquement, s'emportant)*. Pardon mais essaie de me tutoyer surtout… Certains jours tu y arrives !!!

*Un petit temps.*

LA FEMME. D'accord… Pardon, est-ce que je peux te poser une autre question : on a déjà fait l'amour ensemble ?

L'HOMME *(ironique)*. Ben oui… !! Au moins deux fois.

LA FEMME. C'est une plaisanterie ??

L'HOMME. Ben oui.

LA FEMME. On a déjà fait l'amour ou pas ??

L'HOMME *(explosant)*. Ben oui on a fait l'amour ensemble, évidemment. Écoute je sais que tu le fais pas exprès mais aujourd'hui ça m'angoisse de plus en plus tes questions, excuse-moi !! D'autant que… je suis fatigué.

*Il est très ému.*

LA FEMME. Je m'excuse, ce sont de simples questions… elles, qui me paraissent naturelles à moi…

L'HOMME *(se reprenant un peu)*. Excuse-moi, ta mémoire n'a plus son meilleur rendement je ne t'en veux pas, c'est dur des fois, on a fait deux enfants ensemble, alors voilà. Oui, on fait l'amour. On l'a même fait hier l'amour, si tu veux que je te dise…

LA FEMME. On a fait l'amour hier ??

L'HOMME. Oui, très rapidement, en rentrant de se balader, dans ta chambre. Oui certains jours tu en as très envie.

LA FEMME *(surprise, riant)*. Ah bon… ?? J'arrive pas à imaginer ça…

L'HOMME *(vexé)*. Ben c'est comme ça… *(Sur un ton très irrité.)* On parle à peu près comme on est en train de le faire. Tu me poses à peu près les mêmes questions. Et puis à un moment, quand je te raccompagne dans ta chambre, tu me demandes si j'en ai envie… Tu me dis que ça t'a donné envie cette discussion avec moi… Envie de faire l'amour avec quelqu'un… Alors tu me demandes si je serais d'accord de le faire avec toi.

LA FEMME. Je te parle comme ça ?

L'HOMME. À peu près oui.

LA FEMME. Et tu me réponds quoi ??

L'HOMME. Ça dépend. Hier je t'ai répondu d'accord, je suis d'accord d'être cette personne… avec qui tu vas pouvoir concrétiser cette envie de faire l'amour avec quelqu'un…

*Un temps. Ils continuent à marcher en silence.*

LA FEMME. On pourrait peut-être se prendre dans les bras si vous voulez ??

L'HOMME *(s'arrêtant)*. Tu en as envie ?

LA FEMME *(s'arrêtant)*. Je ne sais pas et vous… ? Et toi ?

L'HOMME *(comme indifférent)*. Si tu en as envie.

LA FEMME. Pour moi, j'ai l'impression que c'est la première fois…

L'HOMME. Oui je sais.

LA FEMME. Alors on peut essayer peut-être… Qui commence ?

L'HOMME. Vas-y toi !

*La femme s'approche et après quelques hésitations prend l'homme dans ses bras. Il se laisse faire.*

LA FEMME *(s'éloignant de l'homme)*. C'est la première fois.

L'HOMME *(reprenant sa marche)*. Oui je sais.

LA FEMME. Que je prends un homme dans les bras. *(Un temps.)* On s'aimait de quelle manière quand on s'est mariés ?

L'HOMME *(sèchement)*. Comme un couple ordinaire qui vient de se marier.

LA FEMME. C'est quoi un couple ordinaire ?

L'HOMME. Ben c'est des gens ordinaires qui se marient.

LA FEMME *(déçue)*. Ah bon.

L'HOMME *(s'arrêtant, regardant sa femme dans les yeux, explosant)*. Mais non, quand on s'est rencontrés c'était parfait. On était comme deux moitiés qui s'étaient perdues et qui se retrouvaient. C'était merveilleux. C'était comme si la Corée du Nord et la Corée du Sud ouvraient leurs frontières et se réunifiaient et que les gens qui avaient été empêchés de se voir pendant des années se retrouvaient. C'était la fête, on sentait qu'on était reliés et que ça remontait à très loin.

*Un temps. L'homme a repris sa marche.*

LA FEMME *(marchant à la suite de l'homme, émue)*. Ah bon c'était comme ça… *(Un temps.)* Est-ce qu'il y a des choses sur lesquelles on est vraiment d'accord aujourd'hui tous les deux? Ou qu'on aime le mieux faire ensemble par-dessus tout?

L'HOMME. En dehors de faire l'amour?

LA FEMME. Euh oui…

L'HOMME. Ramasser des champignons!!

LA FEMME *(très surprise)*. Ah bon??

L'HOMME. Oui.

LA FEMME. Mais c'est ridicule!!

L'HOMME. Absolument. Je sais, mais on adore faire ça!!

LA FEMME. Ah bon??

L'HOMME. Oui.

LA FEMME *(s'arrêtant)*. On peut peut-être retourner un peu dans la chambre si vous voulez, si tu veux… je suis fatiguée maintenant.

L'HOMME *(s'arrêtant)*. Tu es fatiguée?

LA FEMME. Oui un peu. J'ai envie d'aller dans la chambre…

L'HOMME. Ben écoute on va y aller… J'ai encore un peu de temps

LA FEMME. Ah ben c'est bien… Je suis un peu fatiguée.

*Elle commence à sortir.*

L'HOMME. Non c'est par là ta chambre.

LA FEMME *(s'arrêtant)*. Ah bon? Bien.

*Elle repart dans l'autre direction.*
*L'homme la suit. Ils marchent côte à côte. Avant de sortir l'homme*
*a un petit geste de la main, affectueux, presque involontaire, pour sa*
*femme. Sa main effleure son dos.*
*Noir.*


— l'amour ne suffit pas —


*Une chambre la nuit. Une femme finit de s'habiller, un homme est*
*endormi dans un lit.*

L'HOMME *(se réveillant)*. Qu'est-ce que tu fais?? T'arrives pas à
dormir?

LA FEMME. Si.

L'HOMME. Si quoi??

LA FEMME. Si, j'arrive à dormir.

L'HOMME. Ben alors pourquoi tu te lèves?

LA FEMME. En fait je pars.

L'HOMME. Tu t'en vas où?

La femme. Chez mon frère.

L'HOMME. Chez ton frère?

LA FEMME. Oui.

L'HOMME. Pour quoi faire?

LA FEMME. Je vais habiter chez lui. On ne va plus se revoir. On
se quitte.

L'HOMME. Quoi on se quitte?? Qu'est-ce qui se passe?? C'est une
plaisanterie?

LA FEMME. Non.

L'HOMME. Il ne s'est rien passé!! On ne s'est même pas disputés!!

LA FEMME. Non.

L'HOMME. Ben alors? T'es folle ou quoi? Qu'est-ce que tu me racontes? Tu me quittes??

LA FEMME. Oui.

L'HOMME. Quand est-ce que t'as pris ta décision??

LA FEMME. Je ne sais plus.

L'HOMME. Tu es folle.

LA FEMME. Non, pas du tout, j'ai beaucoup réfléchi.

L'HOMME. À quoi?

LA FEMME. À ça, à nous, à l'amour, à notre amour... Et j'en suis sûre...

L'HOMME. Tu es sûre de quoi?

LA FEMME. L'amour ne suffit pas.

L'HOMME. Comment?

LA FEMME. L'amour ça ne suffit pas.

L'HOMME. Répète s'il te plaît.

LA FEMME. On s'aime mais ça ne suffit pas.

L'HOMME. On s'aime mais ça ne suffit pas?

LA FEMME. Oui.

L'HOMME. Mais c'est n'importe quoi.

LA FEMME. Pas du tout.

L'HOMME. Ah bon? Et qu'est-ce qui te manque?

LA FEMME. Je ne sais pas.

L'HOMME. Tu as rencontré quelqu'un?

LA FEMME. Pas du tout.

L'HOMME. Et tu me quittes??

LA FEMME. Oui.

*Elle commence à partir.*

L'HOMME. Mais jamais personne n'a quitté quelqu'un pour des motifs pareils.

LA FEMME. C'est pas certain.

L'HOMME. Moi j'en suis sûr... Si tu me fais ça comme ça, je ne vais pas m'en sortir moi, je te jure... Dis-moi quelque chose au moins... Je t'en prie.

LA FEMME *(marchant vers la sortie)*. Je suis désolée, vraiment. Je t'aime mais ça ne suffit pas.

L'HOMME. C'est pas possible ça!!

LA FEMME. Je suis désolée.

L'HOMME. Je deviens fou.

LA FEMME. L'amour en fait ça ne suffit pas. *(S'arrêtant, se retournant, semblant réfléchir.)* Oui c'est ça, je sais c'est terrible, l'amour ça ne suffit pas.

*Elle sort.*
*Noir.*


— amitié —

*Le soir, l'été sur une terrasse. Deux hommes sont assis, ils semblent très détendus. On entend le grondement d'un orage.*

LE PREMIER HOMME. On est bien ici.

LE DEUXIÈME HOMME. Les gens sont nerveux, j'suis allé en ville cet après-midi.

LE PREMIER HOMME. Ah oui?! Mais nous ici on est bien, je n'ai jamais été aussi heureux je crois.

LE DEUXIÈME HOMME. À propos, tu te souviens du jour où on est devenus amis toi et moi ?

LE PREMIER HOMME. Ça devait être une belle journée en tout cas. C'est seulement qu'on s'en souvient pas précisément… Mais tu sais, pour moi, c'est comme si on l'avait toujours été.

LE DEUXIÈME HOMME. Pourtant on ne l'a pas toujours été. Et ça je m'en souviens !

LE PREMIER HOMME *(presque choqué)*. Tu te souviens de l'époque où on était pas encore des amis toi ?

LE DEUXIÈME HOMME. Absolument, oui je m'en souviens… Je me souviens de l'époque où on était pas encore des amis mais des étrangers.

LE PREMIER HOMME *(visiblement très affecté)*. Ça c'est triste.

LE DEUXIÈME HOMME. Je me souviens de quand on était seulement des voisins… Des voisins qui habitaient dans la même rue et je me souviens de quand je te regardais passer, quand tu rentrais chez toi. Je me disais "mais qu'est-ce qu'il est désagréable celui-là" et je te trouvais tellement désagréable à cause de ton allure… qui ressemblait à du mépris total pour les autres.

LE PREMIER HOMME *(outré)*. Oh làlà mais non c'est pas vrai, je suis pas comme ça.

LE DEUXIÈME HOMME. Non bien sûr !! Mais moi je prenais ça pour du mépris et même pour de la suffisance !! Je me disais cette personne est sans doute très suffisante.

LE PREMIER HOMME *(outré)*. Oh mais non c'est pas vrai !

LE DEUXIÈME HOMME. Tu me regardais comme un étranger, tu me regardais d'une telle manière que je me disais "mais qu'est-ce qu'il a l'air méprisant celui-là avec son allure suffisante !!"

LE PREMIER HOMME *(de plus en plus affecté par les propos de l'autre)*. Tu ne peux pas dire ça ! Ce n'est pas possible, ce n'est pas possible !

LE DEUXIÈME HOMME. Mais si, bien sûr c'est vrai! Mais si! Ça me revient, je te revois maintenant avec netteté! C'est drôle comme j'avais oublié… Maintenant c'est net. Comme c'est drôle! Je te revois me regarder avec ton air de mépris oh làlà!

LE PREMIER HOMME (*ébranlé*). C'est pas vrai, c'est pas vrai, tu te souviens mal. Je n'ai pas du tout ce souvenir, je refuse que tu dises ça.

LE DEUXIÈME HOMME. Mais c'est la plus pure des vérités, on se croisait parfois et ça c'est vraiment très très précis dans mon souvenir. On se croisait parfois dans le local à ordures commun à nos deux immeubles, chacun de nous avec sa poubelle et tu te serais vu à ce moment-là, ce jour où je t'ai tenu la porte pour que tu entres à ton tour au moment où moi je sortais.

LE PREMIER HOMME (*véhément*). C'est faux!

LE DEUXIÈME HOMME. Mais non, pas du tout, tu te serais vu! La tête que tu m'as faite! À peine si tu as pris en compte le fait que je te tenais la porte pour que tu puisses entrer avec ta grosse poubelle remplie de tout un tas de détritus de déchets, dégageant une de ces puanteurs que je me suis vraiment dit "celui-là, eh bien dis donc, il n'aurait vraiment pas de raison, vraiment, d'avoir cet air de suffisance avec moi, avec ce qu'il dégage de vraiment puant".

LE PREMIER HOMME (*de plus en plus véhément*). Mais c'est pas vrai, je ne comprends pas ce que tu dis et pourquoi est-ce que tu dis tout ça. Ça ne tient pas debout, enfin tu sais en plus à quel point je suis plutôt maniaque et à cheval sur la propreté chez moi.

LE DEUXIÈME HOMME. Et alors? Et alors!? Ça n'empêche… Ça ne veut rien dire, ça n'a aucun rapport ce qu'on dégage à l'extérieur de soi et la réalité pure. Tu le sais bien, la réalité pure et intime toi à ce moment-là, tu étais indifférent, indifférent et suffisant, c'était ça que tu dégageais à l'extérieur de toi. Alors que ta réalité pure et intime était peut-être tout autre dans le fond. Dans le fond, tu étais déjà celui que tu es pour moi aujourd'hui mais ça ne se voyait pas, ça ne se voyait pas, mais tu étais déjà quelqu'un qui pouvait devenir mon ami. Je ne le voyais pas parce que tu ne le dégageais pas encore à ce moment.

LE PREMIER HOMME (*suffoquant presque*). Oh non, c'est pas vrai.

LE DEUXIÈME HOMME. Mais qu'est-ce que ça peut faire, pourquoi refuser l'évidence, quelle importance?

LE PREMIER HOMME *(fort)*. Pourquoi salir? Pourquoi chercher absolument, en déformant la vérité en plus, à ternir ce qu'il y a de plus beau, c'est-à-dire nous et notre amitié, le fait qu'on soit amis. Pourquoi chercher à gâcher ce qu'on vit et ce qu'on a de plus précieux entre les mains?

LE DEUXIÈME HOMME. Pourquoi "gâcher", pourquoi ça?

LE PREMIER HOMME *(s'emportant de plus en plus)*. On dirait, on se demande finalement ce que tu es en train de faire, ce que tu cherches à faire, on se demande, excuse-moi, si tu ne chercherais pas à obtenir quelque chose. Et à ce moment-là je me demande bien ce que ça pourrait être?

LE DEUXIÈME HOMME. De quoi est-ce que tu as peur, enfin, quelles raisons as-tu d'avoir peur?

LE PREMIER HOMME *(très ému)*. J'ai peur parce que tu es précieux. Mon amitié pour toi est ce que j'ai de plus précieux au monde. Si je n'avais pas ton amitié dans ce monde alors je crois que ce serait dur, très dur pour moi. Et que je serais quelqu'un de différent et de malheureux.

LE DEUXIÈME HOMME. En quoi est-ce que tu devrais avoir peur pour notre amitié, simplement en reconnaissant qu'il y a eu une époque où on était pas encore comme on est aujourd'hui, et qu'à cette époque tu étais méprisant et même suffisant dans ton attitude avec moi?

LE PREMIER HOMME *(très fort, violent)*. TAIS-TOI!

LE DEUXIÈME HOMME. Tu me fais presque peur.

LE PREMIER HOMME *(hors de lui)*. POURQUOI EST-CE QUE TU DIS ÇA? POURQUOI?

LE DEUXIÈME HOMME. Parce que tu élèves la voix et que tu me regardes avec de ces yeux, on dirait plutôt des fusils. Est-ce que c'est ça que tu appelles de l'amitié finalement? C'est pas très cohérent, je ne comprends pas pourquoi tu ne veux pas simplement admettre que tu n'as pas toujours été la personne d'aujourd'hui. Qu'est-ce que cela te fait de le reconnaître, je ne le comprends pas, non, pas très bien.

LE PREMIER HOMME (*menaçant, ayant du mal à se contenir*). EST-CE QUE TU VEUX BIEN TE TAIRE !?

LE DEUXIÈME HOMME. Non, pourquoi pourquoi pourquoi est-ce que je devrais me taire, qu'est-ce que je dis?

LE PREMIER HOMME. Pourquoi est-ce que tu veux tout détruire comme ça?

LE DEUXIÈME HOMME. Je ne veux pas tout détruire, je ne cherche pas à tout détruire, je dis la vérité, simplement la vérité. Je dis simplement que tu n'as pas toujours été mon ami et même qu'il y a eu un temps où tu étais…

LE PREMIER HOMME (*violemment*). TAIS-TOI !

LE DEUXIÈME HOMME. … où tu étais un peu méprisant avec moi…

LE PREMIER HOMME (*violemment*). TAIS-TOI !

LE DEUXIÈME HOMME. … méprisant et même, excuse-moi encore de te le dire, je trouve, moi personnellement, un peu suffisant pour ne pas dire arrogant. Voilà, c'est tout et ce n'est pas plus dramatique que ça.

LE PREMIER HOMME (*faisant des efforts pour contenir la violence en lui*). C'est pas vrai, c'est pas vrai, mon Dieu, mon Dieu comme je te déteste, comme je te hais de tout détruire, de tout gâcher. Si tu savais comme mon amitié pour toi était importante pour moi, importante essentielle. Jamais je n'avais eu quelque chose d'aussi précieux que ça dans ma vie, jamais. Et voilà ce que tu fais, comment tu détruis avec tes mots, comment tu détruis, comment tu gâches.

LE DEUXIÈME HOMME. Non je détruis pas, non ce n'est pas vrai. En quoi est-ce que je détruis enfin, dis-moi en quoi est-ce que je détruis quoi que ce soit. Je ne dis rien d'autre que la vérité. La vérité, c'est tout ce que je dis. Je dis qu'avant d'être mon ami tu n'étais pas mon ami et c'est tout.

LE PREMIER HOMME *(hors de lui).* TA GUEULE!

LE DEUXIÈME HOMME. Mais enfin, tu ne m'écoutes pas. Je ne gâche rien, je ne détruis rien en disant seulement la pure vérité.

LE PREMIER HOMME *(faisant de gros efforts pour contenir sa violence).* TA GUEULE, NOM DE DIEU! TA GUEULE! JE TE TUE SI TU CONTINUES, JE TE TUE! JE T'ENFONCE MON POING DANS TA GUEULE, JE L'ENFONCE ET JE TE BRISE AVEC MON POING! JE LE FERAI, JE TE LE JURE, SI TU CONTINUES!

LE DEUXIÈME HOMME. Mais c'est pas vrai, c'est pas vrai, regarde où est-ce qu'on en arrive. C'est pas vrai, regarde où on en arrive, c'est absurde.

LE PREMIER HOMME. Non, tu gâches, tu détruis, tu détruis tout ce que j'ai de plus précieux au monde.

LE DEUXIÈME HOMME. Je ne gâche rien, non rien. Je dis la vérité, la vérité.

LE PREMIER HOMME. Si tu détruis j'ai envie de te tuer, oui vraiment. J'ai envie de te tuer pour cela, parce que tu détruis ma vie, en détruisant ce que j'ai de plus précieux.

LE DEUXIÈME HOMME. Qu'est-ce que je fais, dis-le moi?

LE PREMIER HOMME. Tu détruis notre amitié.

LE DEUXIÈME HOMME. Non, c'est faux.

LE PREMIER HOMME. Si.

LE DEUXIÈME HOMME. Non, j'ai seulement dit, j'ai seulement rappelé un souvenir, des souvenirs, certains de mes souvenirs d'avant le début de notre amitié. Comment tu étais avant qu'on soit amis et que tu deviennes mon ami. Des souvenirs de toi comme tu étais, je sais ce que je dis, je sais que c'est la vérité, des souvenirs de toi indifférent à moi… Toi méprisant avec moi et même suffisant c'était l'impression en tout cas que tu dégageais à ce moment-là, quelqu'un de méprisant.

LE PREMIER HOMME *(hurlant)*. NON !

*Le premier homme se jette sur l'autre et l'assomme ou le tue. Un éclair dans le ciel et coup de tonnerre fracassant. Le premier homme se jette sur l'autre sauvagement.*
*Noir.*
*On entend un bruit d'os broyés.*

— valeur, 1<sup>re</sup> partie —

*Une fête foraine, la nuit. Un stand d'autos tamponneuses. Plusieurs hommes, seuls au volant de leurs véhicules, tournent, cherchant à s'éviter. Quelques femmes, debout au bord de la piste, les observent.*
*Noir.*

— valeur, 2<sup>e</sup> partie —

*Quelque temps plus tard, un terrain vague, non loin de la fête foraine. Provient le bruit des manèges et de la musique. Une femme est là, immobile. Elle a l'air fatiguée. Un homme, un des conducteurs d'autos tamponneuses entre.*

LA FEMME *(à l'homme)*. Salut.

L'HOMME *(s'arrêtant)*. Bonsoir.

LA FEMME. Comment ça va ?

L'HOMME. Ça va.

LA FEMME. Je peux t'aider ?

L'HOMME. À quoi faire ?

LA FEMME. C'est pour quelque chose de simple et d'extraordinaire en même temps qu'on va aller faire à côté, dans le noir ou dans la lumière comme tu préfères. Y en a pour trois minutes.

L'HOMME. C'est pas sûr que ça m'intéresse.

LA FEMME *(sèchement)*. Ça t'intéresse pas ou je t'intéresse pas?

L'HOMME. C'est pas vous, non! C'est surtout par manque de temps... Et en plus j'ai des principes.

LA FEMME. C'est cent vingt dollars.

L'HOMME. Cent vingt dollars!!

LA FEMME *(sèchement)*. Tu trouves ça trop cher? Je les vaux pas? T'as pas envie? Ou t'as pas d'argent?

L'HOMME. J'ai pas d'argent et en plus on m'attend chez moi. Ma femme m'attend. Je veux pas la décevoir... C'est la femme de ma vie.

LA FEMME. Je te fais un prix... Je descends à cent dollars... Pour cent dollars tu m'as en entier aussi... Et je te fais tout ce que je t'aurais fait pour cent vingt mais pour cent. Alors?

L'HOMME. J'ai pas d'argent.

LA FEMME. Je te plais pas? Je te propose qu'on le fasse pour quatre-vingts. Quatre-vingts dollars... En dessous de ce prix ce sera plus possible après.

L'HOMME. C'est pas une question de prix.

LA FEMME. Pour quatre-vingts je te fais quasiment la même chose que pour cent...

L'HOMME. Je suis désolé... Je vais rentrer... Parce que plus on discute, plus il est tard.

LA FEMME. Tu as un vrai problème avec le fric toi on dirait... Bon je te fais soixante... Pour soixante je me donne à toi... Et entière-ment... Tu pourras pas dire que c'est trop cher à ce prix-là. Bon allez, viens on y va, sinon ce sera trop tard... Le jour va se lever.

L'HOMME. Mais non.

LA FEMME. Mais non quoi?

L'HOMME. Je vais pas venir avec vous!!

LA FEMME. Pourquoi?

L'HOMME. Parce que je dois rentrer je vous ai dit… Bonsoir.

*Il commence à partir.*

LA FEMME. Quarante dollars!!

*L'homme s'arrête.*

L'HOMME. Comment?

LA FEMME. Quarante dollars… Pour quarante dollars t'as envie? Ou t'as pas envie? Alors??

L'HOMME. Je vous ai dit que c'est pas une question de prix. Je sais pas comment vous le faire comprendre.

LA FEMME. Tu veux le faire pour combien?

L'HOMME. C'est pas une histoire de combien.

LA FEMME. Vingt dollars.

L'HOMME. Je les ai pas.

LA FEMME. Dix dollars!! T'as pas de désir pour moi pour dix dollars??

L'HOMME. C'est pas ça!!

*Un temps.*

LA FEMME. Et si on le faisait pour rien gratis, ce serait bon pour toi?? Tu veux? Si je me donne en entier gratuitement, ça te fait envie ou pas?? *(L'homme se tait, hésitant)* Alors?

L'HOMME. À ces conditions… Si c'est à ces conditions!! Oui, pourquoi pas.

LA FEMME. T'as envie, c'est vrai?

L'HOMME. C'est pour rien, c'est bien sûr?

LA FEMME. Oui, c'est pour rien… C'est parce que t'as envie. *(Inquiète.)* Mais t'as envie?

*Elle le scrute.*

L'HOMME. Oui.

LA FEMME. Bon ben viens.

*Ils sortent, la femme précédant l'homme de quelques pas.*
*Noir.*


— enceinte —

*Un cabinet de consultation dans un établissement médico-social. Une*
*femme est assise. Un homme se tient debout en face d'elle. Derrière lui,*
*une infirmière en blouse observe.*

L'HOMME *(essayant de contenir une grande nervosité)*. Écoute Annie,
j'ai demandé à te parler… Parce qu'on m'a dit la situation et je me
fais beaucoup de souci. On m'a dit que tu persistais dans ta décision, c'est ça??

LA FEMME *(très bas)*. Oui, c'est ça.

L'HOMME. Comment??

LA FEMME *(un peu plus fort)*. Oui, c'est ça.

L'HOMME *(reprenant)*. Oui, c'est ça?! Ça fait combien de temps
qu'on se connaît tous les deux, Annie??

LA FEMME. Douze ans.

L'HOMME. Douze ans… Est-ce que t'as pas eu raison de me faire
confiance jusque-là, depuis toutes ces années??

LA FEMME. Si.

L'HOMME. Si? Alors pourquoi est-ce que tu ne veux pas m'écouter aujourd'hui?? Tu t'es fait avorter plusieurs fois déjà, dis-moi?

LA FEMME. Oui.

L'HOMME. Alors en quoi ce serait différent aujourd'hui?

LA FEMME. C'est différent.

L'HOMME. C'est différent?? Qu'est-ce qui est différent??

LA FEMME. C'est mon bébé… C'est l'enfant de mon amour.

L'HOMME. C'est l'enfant de ton amour ??

LA FEMME. Oui.

L'HOMME. C'est-à-dire ??

LA FEMME. C'est l'enfant de Frédéric. C'est notre enfant, à moi et à Frédéric.

L'HOMME. Je t'en prie Annie. Tu sais très bien que tu ne pourras absolument pas compter sur cet individu. Comment est-ce que tu ferais pour t'occuper seule d'un enfant, dis-moi ?

LA FEMME. Je me sens bien. J'ai de la joie ça me donne de la force.

L'HOMME. Tu as de la joie ??

LA FEMME. Oui.

L'HOMME. Tu as peut-être de la joie en ce moment... À cause d'un petit bouleversement hormonal dû à ta grossesse mais ça, ça va passer.

LA FEMME. Non, c'est l'amour.

L'HOMME. C'est l'amour ?? L'amour de qui ?

LA FEMME. L'amour de Frédéric.

L'HOMME. Frédéric ? Tu me parles encore de Frédéric ? C'est quelqu'un qui a encore plus de problèmes que toi Annie... Et qu'on a décidé de ne pas garder ici à cause de comportements totalement inqualifiables... Il est sans doute à l'origine de ta grossesse mais c'est certainement pas un père sur qui tu pourrais compter, Annie réveille-toi.

LA FEMME. On s'aime, on est amoureux et j'attends son bébé.

L'HOMME *(de plus en plus agacé)*. Annie j'aimerais bien que tu arrêtes de me parler d'amour en rapport avec un individu pareil. Je l'ai pratiqué pendant des années ton Frédéric, moi aussi je le connais, je le connais très bien... Je l'ai vu se comporter au quotidien. Il est agressif au dernier degré. En plus d'être violent, on sait qu'il a essayé d'exploiter sexuellement plusieurs femmes du centre, on l'a menacé de le dénoncer à la police. *(Son téléphone portable sonne, il répond.)* Allô oui… Eh bien je m'en fous… Je vous l'ai déjà dit… J'ai changé d'avis… Et puis c'est tout.

*Il raccroche.*

LA FEMME. Je peux m'en aller ?

L'HOMME. Mais non. On a une décision à prendre Annie. Une décision grave et très importante pour toi, pour ton avenir. On le garde ou on le garde pas cet enfant ??

LA FEMME. Frédéric et moi on a décidé de le garder.

L'HOMME *(de plus en plus emporté)*. Mais tu ne vois pas que tout le monde essaye de te parler, de te dire les choses… Y a pas que moi qui te parle comme ça. Tout le monde que tu connais te parle comme je suis en train de te parler là en ce moment, avec les mêmes mots. Tout le monde te dit que tu es en train de foncer au-devant d'une très grande tragédie et que tu vas être très malheureuse, que tu vas souffrir.

LA FEMME. Depuis que j'ai de l'amour en moi je me sens très très heureuse.

L'HOMME *(hors de lui, n'arrivant plus à se contenir)*. Mais ça n'existe pas l'amour Annie, merde, c'est des inventions. C'est dans la tête, c'est comme un délire. L'amour c'est une sorte de maladie. C'est pas beau l'amour, faut arrêter avec ces conneries. L'amour ça fait faire plein de choses totalement insensées, dangereuses, ça met en danger les individus… La preuve… Réveille-toi Annie… Tu mets ta vie gravement en danger, tu es en danger Annie.

LA FEMME. Non je ne crois pas, Frédéric est fort. Il nous protégera.

L'HOMME. Annie tu es amoureuse d'un détraqué, hyperviolent, asocial, dragueur compulsif, alcoolique.

*Le téléphone sonne, il ne décroche pas.*

LA FEMME. Pourquoi je me sens aussi heureuse ??

L'HOMME *(explosant)*. Ce qui se passe en toi c'est une simple réaction neurochimique Annie, et c'est tout, rien de plus. Quelque chose que tu te fabriques toi-même, comme si tu t'étais prescrit à toi-même un très bon antidépresseur. Peut-être que ton traitement actuel n'est pas bien adapté, on peut le modifier pour que tu te sentes mieux, sans avoir à te fabriquer des histoires aussi mielleuses dans la tête et te mettre dans des situations pareilles, des situations où tu te mets en danger. *(Il décroche son téléphone, hurlant.)* Je vous ai dit d'arrêter de m'emmerder vous... Je suis en réunion. *(Il raccroche.)* Bon, quand est-ce qu'on avorte Annie?? *(Un temps. La femme reste silencieuse.)* Vraiment on est dans une situation intenable, on ne peut pas te laisser faire ça, on ne peut pas, on peut vraiment pas.

LA FEMME. Je sais que ça va bien se passer, je m'inquiète pas autant que vous.

*Elle se lève et s'approche de l'homme, cherchant à le rassurer.*

L'HOMME. Ça va bien se passer?

LA FEMME. Oui, grâce à l'amour ça va bien se passer.

L'HOMME *(avec vigueur).* Je vais te dire Annie, déjà dans la vie normale, la vie des gens qui n'ont pas de handicap au départ, l'amour c'est irréel, c'est un concept. Ce que les gens appellent l'amour c'est comme l'alcool ou la drogue. Je suis bien placé pour le savoir, je te garantis. Quand on se réveille de l'amour, après trois mois trois ans ou quinze jours, on se rend compte qu'on a déliré, qu'on a fantasmé et que c'est nul, que l'autre est nul, ou qu'il est con, ou bien qu'il sent mauvais. On se demande comment on a pu faire une chose pareille. Le bonheur dans la vie, il faut le chercher en soi, pas chez les autres. Et surtout pas dans l'amour...

LA FEMME. Ce qui est différent c'est que Frédéric et moi on s'aime et c'est très sérieux. En plus on a décidé qu'on va s'aimer toute la vie... Pas seulement un peu... Mais toute la vie. *(L'homme la regarde, désespéré.)* Est-ce que je peux m'en aller??

L'HOMME *(visiblement totalement découragé).* Oui, vas-y.

LA FEMME *(se rapprochant de l'homme).* Vous faites pas de souci. Tout va bien se passer puisque je me sens heureuse...

*La femme commence à sortir, bientôt suivie par l'infirmière. Le téléphone de l'homme se met à sonner. Agité, poussant des soupirs, tenant*

*des propos incompréhensibles, l'homme se prend la tête entre les mains.*
*Il commence à pleuvoir, une pluie noire.*
*Noir.*

— valeur, 3ᵉ partie —

*Même terrain vague, non loin d'une fête foraine, quelques instants*
*plus tard.*

L'HOMME *(réajustant son pantalon, un peu gêné)*. Moi je vais te laisser maintenant je crois…

LA FEMME. C'était bien ou pas?

L'HOMME. Ben oui…

LA FEMME. Je te faisais envie en fait?

*Un temps.*

L'HOMME. Bon j'y vais… Je te dis salut.

LA FEMME. Donne-moi vingt dollars, s'il te plaît, avant de partir.

L'HOMME. Qu'est-ce que tu dis??

LA FEMME. Je les vaux pas, vingt dollars??

L'HOMME. J'ai pas d'argent sur moi, comment il faut te le dire…?

LA FEMME. Tu te rends compte de ce que tu as eu pour rien?? Tu pourrais au moins me donner vingt dollars, non??

L'HOMME. Mais je te jure sur la tête de ce que j'ai de plus sacré, mes enfants, que j'ai pas d'argent.

LA FEMME. Même quinze dollars?

L'HOMME. Tu m'as dit que c'était gratuit.

LA FEMME *(désignant les poches du pantalon de l'homme)*. Regarde dans cette poche de ton pantalon. On dirait que ça fait une sorte de pli, là, à côté de ton sexe.

L'HOMME. Mais c'est pas vrai! J'en peux plus de toi, c'est pas vrai.

LA FEMME *(avec force)*. Je te laisserai pas partir si tu me donnes rien. Je m'accrocherai à toi jusqu'en enfer si tu ne me donnes pas au moins dix dollars.

L'HOMME. Mais c'est pas vrai.

LA FEMME. Je laisserai personne me dégrader comme tu le fais... J'ai ma fierté moi.

L'HOMME *(s'énervant)*. Je peux pas inventer de l'argent quand même??

LA FEMME. Sale profiteur, radin paumé.

L'HOMME. Je vais me mettre en colère moi si tu continues.

LA FEMME. Donne-moi quelque chose alors.

L'HOMME *(s'énervant de plus en plus)*. Je vais vraiment m'énerver je vais perdre mon sang-froid. Je risque de te taper dessus si je m'énerve. Je suis quelqu'un de très violent.

LA FEMME *(de plus en plus fort, tenant tête à l'homme)*. Je m'en fous j'ai pas peur. J'irai jusqu'au bout, parce que j'ai ma fierté et que je la défends. Je me laisserai plus marcher sur les pieds, par personne, donne-moi ce qu'il y a dans ta poche.

L'HOMME *(hurlant)*. C'est des clés que j'ai dans ma poche.

LA FEMME *(hurlant aussi)*. Menteur! Donne-moi ce qu'il y a dans ta poche... Jamais je te laisserai en paix... Je te suivrai jusqu'au bout du monde... Jusqu'à temps que tu te décides à me donner quelque chose...

*Un temps. Silence.*

L'HOMME. Putain mais c'est pas vrai ça... *(Sortant deux billets de sa poche, à contrecœur.)* Voilà, j'ai dix dollars... Je te donne cinq *(il lui tend un billet)* et je garde cinq... Parce que j'en ai besoin... Je veux pas me démunir complètement!!

LA FEMME *(prenant le billet, se radoucissant)*. OK, merci. Bon ben, tu vois.

L'HOMME. C'est parce que c'est toi, je te jure... Tu as eu ce que tu voulais. Je peux m'en aller maintenant?

LA FEMME. Oui vas-y!! *(L'homme commence à partir.)* C'est la moindre des choses cinq dollars quand même. Je suis pas une bête... Bonsoir.

L'HOMME *(en train de partir)*. Bonsoir.

LA FEMME *(bas, amicale)*. À bientôt peut-être.

*Une fois seule, la femme sort une brosse à cheveux de sa poche, se recoiffe, puis sort des cigarettes, en allume une. Celui ou Celle qui chante entre. D'une voix très grave, entonne un air mélancolique et sensuel à la fois. Une troupe de danseurs de salon en smokings blancs et robes de soirée, entrent à leur tour et entourent la femme. Leurs mouvements de danse sont au ralenti. La femme semble ne pas les voir.*
*Noir.*

# TABLE

# DU MÊME AUTEUR

PIÈCES

*Pôles* suivi de *Grâce à mes yeux*, Actes Sud-Papiers, 2003.

*Au monde* suivi de *Mon ami*, Actes Sud-Papiers, 2004.

*D'une seule main* suivi de *Cet enfant*, Actes Sud-Papiers, 2005.

*Le Petit Chaperon rouge*, Actes Sud-Papiers, "Heyoka Jeunesse", 2005.

*Les Marchands*, Actes Sud-Papiers, 2006.

*Je tremble (1)*, Actes Sud-Papiers, 2007 (épuisé).

*Pinocchio*, Actes Sud-Papiers/CDN de Sartrouville, "Heyoka Jeunesse", 2008.

*Je tremble (1)* et *(2)*, Actes Sud-Papiers, 2009.

*Cercles/Fictions*, Actes Sud-Papiers, 2010.

*Cet enfant*, Actes Sud-Papiers, 2010.

*Ma chambre froide*, Actes Sud-Papiers, 2011.

*Cendrillon*, Actes Sud-Papiers, "Heyoka Jeunesse", 2012, Babel n° 1182.

*La Grande et Fabuleuse Histoire du commerce*, Actes Sud-Papiers, 2012.

*Au monde*, nouvelle édition, Actes Sud-Papiers, 2013.


ESSAI

*Théâtres en présence*, Actes Sud-Papiers, "Apprendre", n° 26, 2007.


BEAU LIVRE

*Joël Pommerat, troubles*, avec Joëlle Gayot, Actes Sud, 2009.

Ouvrage réalisé par l'atelier graphique Actes Sud, achevé d'imprimer en octobre 2013 par l'Imprimerie Floch à Mayenne pour le compte des éditions Actes Sud, Le Méjan, place Nina-Berberova, 13200 Arles.
Dépôt légal 1re édition : novembre 2013
N° impr. : 85751
*(Imprimé en France)*